Katharina Finke, Jahrgang 1985, ist eine deutsche Journalistin, die von verschiedenen Orten auf der Welt berichtet – bislang aus China, Indien, Portugal, Ozeanien und den USA. Ihre Schwerpunkte sind Umwelt- und Menschenrechtsthemen. Finke arbeitet für Print- und Onlinemedien *(freitag, Greenpeace Magazin, Spiegel, taz, Zeit)* sowie für deutschsprachiges Fernsehen (ARD, BR, ORF, SF, ZDF, 3sat) und als Moderatorin.

Amila mit
Katharina Finke

Mit dem Herzen einer Tigerin

WILHELM HEYNE VERLAG
MÜNCHEN

Verlagsgruppe Random House FSC® N001967
Das für dieses Buch verwendete FSC®-zertifizierte Papier
Salzer Alpin liefert Salzer Papier, St. Pölten, Austria.

Originalausgabe 01/2016
Copyright © 2015 by Wilhelm Heyne Verlag, München,
in der Verlagsgruppe Random House GmbH
Redaktion: Johann Lankes
Umschlaggestaltung: Nele Schütz Design München, München,
unter Verwendung eines Fotos von David Weyand
Innenfotos: David Weyand
Satz: Buch-Werkstatt, Bad Aibling
Druck und Bindung: GGP Media GmbH, Pößneck
Printed in Germany
ISBN: 978-3-453-60366-0

www.heyne.de

Inhalt

Prolog 8

1 Verschleppt, verkauft, verheiratet 13
2 »Du gehörst ihm!« 45
3 Ein Mädchen großzuziehen ist wie
  den Garten des Nachbarn zu gießen 73
4 Ich werde benutzt und beschmutzt 99
5 Endlich (etwas) Liebe 127
6 Warum dürfen wir nicht
  selbst entscheiden? 153
7 Hoffnung ist stärker als Angst 179
8 Ich bin in der Ehe gefangen 207
9 Weiterkämpfen 231

Epilog 251
Danksagung 253

Zum Schutz der Protagonistin habe ich ihren sowie alle anderen Namen und Orte in diesem Buch geändert. Einige Details wurden zudem leicht abgewandelt. Abgesehen davon habe ich diese Geschichte so geschrieben, wie Amila sie mir erzählt hat.

PROLOG

Nach Bollywood, Curry und Yoga wird Indien seit drei Jahren vor allem mit einem anderen, weniger schönen Thema assoziiert: Vergewaltigungen. Grund dafür ist der Fall *Nirbhaya*, der im Dezember 2012 weltweit für Schlagzeilen sorgte: In Neu-Delhi starb eine 23-jährige Studentin nach einer brutalen Gruppenvergewaltigung. Da die Inderin sich zuvor noch darüber äußerte, wurde ihr der Name *Nirbhaya* gegeben, was auf Hindi so viel wie »die Furchtlose« bedeutet.

Wochenlange Proteste gegen den menschenunwürdigen Umgang mit Frauen auf dem asiatischen Subkontinent folgten. So war Indien nicht nur Schauplatz von Vergewaltigungen, sondern auch des größten Protests dagegen. In keinem anderen Land der Welt sind bislang so viele Menschen auf die Straße gegangen, um gegen die Gewalt an Frauen und gegen Geschlechterungleichheit zu demonstrieren. In der Weltöffentlichkeit geriet dies schnell wieder in Vergessenheit, aber für viele Frauen in Indien war es ein Lichtblick. Laut Menschenrechtler(inne)n und Feminist(inn)en hat *Nirbhaya* das Schweigen gebrochen. Seitdem nehmen sich viele missbrauchte indische Frauen ein Beispiel an ihr und zeigen ihre Täter an. Entsprechend ist die

Zahl der gemeldeten Vergewaltigungen in Indien jetzt deutlich höher als noch vor drei Jahren. Das bedeutet aber nicht, dass es auf dem Subkontinent heute tatsächlich mehr Übergriffe gibt als vor *Nirbhaya*. Die Aufmerksamkeit dafür ist gewachsen, aber Gewalt gegen Frauen gehört in Indien nach wie vor zum Alltag: Alle zwanzig Minuten wird dort eine Frau vergewaltigt. Noch häufiger beleidigt, sexuell belästigt und angegriffen. Mädchen werden verschleppt, zwangsverheiratet und als Ware angeboten. Unzählige weibliche Säuglinge wurden bislang nach ihrer Geburt getötet und Witwen häufig verbrannt (Femizid).

Als ich im Winter 2011 meine erste Indien-Reise antrat, war mir das noch nicht bewusst. Zunächst reizte mich, wie wahrscheinlich viele, die indische Kultur. Ich war überwältigt von ihrer Vielschichtigkeit und ihren Gegensätzen. Schnell merkte ich aber, dass Frauen auf dem Subkontinent nicht wertgeschätzt, sondern häufig diskriminiert werden. Das gilt sowohl für Touristinnen wie mich als auch für Inderinnen, wobei Letztere meist noch schlechtere Chancen haben. Ich wollte wissen, warum. Mein Interesse daran wurde von einigen begrüßt, von anderen belächelt. Die meisten schienen keine große Hoffnung zu haben, dass sich etwas an der Lage der Frauen in Indien verbessern würde. Doch ich war aufgewühlt, ich wollte etwas tun, darüber berichten.

Leider hielt sich das Interesse der Medien in Deutschland in Grenzen, und ich konnte nur ein paar kleine Geschichten veröffentlichen. Das änderte sich, als im Dezember 2012 *Nirbhaya* für viel Aufmerksamkeit gesorgt hatte. Auf einmal kontaktierten mich einige Medienhäuser, weil sie herausfanden, dass ich mich mit dem Thema »Gewalt gegen Frauen in Indien« bereits beschäftigt hatte. Und der Gedanke kam auf, ein Buch über ein Frauenschickal in Indien zu schreiben.

Im Frühjahr 2014 reiste ich erneut nach Indien. Diesmal in Begleitung des Fotojournalisten David Weyand, da ich wusste, dass die Recherche als Frau allein nicht ungefährlich sein würde. Trotz seiner Unterstützung war es nicht einfach. Ich war überwältigt davon, wie viele Frauen mir ihr Vertrauen entgegenbrachten und von ihrem Missbrauch erzählten. Die Bandbreite reichte von jungen Mädchen bis zu älteren Frauen, wohlhabend und arm, zu Hause und am Arbeitsplatz, in der Stadt und auf dem Land, im Norden, Süden, Osten und Westen des Subkontinents. Eins verband die Frauen, die Gewalt erlitten hatten: Sie wollten mir ihre Geschichte anvertrauen, denn für viele von ihnen war es das allererste Mal, dass sie darüber sprechen konnten.

Was sich für sie wie eine Befreiung anfühlte, führte bei mir zur Beklemmung. Die Schicksale der indischen Frauen belasteten mich weitaus mehr als ich gedacht hatte, mischten sich mit meinen eigenen Belästigungserfahrungen, und so musste ich erst einmal lernen, damit umzugehen. Zudem stand ich vor der Herausforderung, eine einzelne Frau für das Buch auszuwählen. Das fiel mir nicht nur schwer, sondern ich wollte es erst auch nicht, weil meiner Meinung nach alle Gehör verdient hatten.

Dann lernte ich Amila kennen, und ich wusste, dass ich ihre Geschichte erzählen muss. Ich war beeindruckt, mit welcher Leichtigkeit Amila die Menschen um sich herum immer wieder zum Lachen brachte, trotz des Leids, das ihr widerfahren war. Ebenso imponierte mir der starke Wille und der Mut der jungen Frau, gegen die Ungerechtigkeit zu kämpfen. Es tat ihr nicht nur gut, endlich darüber sprechen zu können, sondern es war ihr auch ein Anliegen, dadurch etwas zu verändern, auch wenn sie sich durch ihre Offenheit selbst in Gefahr brachte.

Da Vergewaltigung ein alltägliches Phänomen in Indien ist, steht Amila dort stellvertretend für alle Frauen, denen Gewalt angetan wurde. Natürlich könnte man nun argumentieren: Wie soll das gehen? Und natürlich liefert ihre Geschichte nur eine Wahrheit. Aber sie gibt einen guten Einblick in das von Ungerechtigkeit und Gewalt beherrschte Geschlechterverhältnis auf dem Subkontinent. Da ich aber auch herausfinden wollte, welche Faktoren dabei eine Rolle spielen, und mir auch andere Perspektiven wichtig waren, wollte ich mit möglichst vielen verschiedenen Personen darüber sprechen und zusätzliche Informationen in das Buch einfließen lassen. Folglich reisten David Weyand und ich im Herbst/Winter 2014/15 ein weiteres Mal nach Indien.

Die Reise führte uns von Neu-Delhi und Rajasthan auch nach Himachal Pradesh, Meghalaya, Assam und statt, wie im Frühjahr, nach Tamil Nadu diesmal nach Kerala bis hin nach Maharashtra. Wir trafen Menschen, die wir bereits kannten, und knüpften neue Kontakte. Mehr und mehr verfestigte sich die Annahme, dass keine indische Frau sicher vor Gewalt ist, egal aus welcher Kaste, Religion oder welchem Landesteil sie stammt. Außerdem wurde uns immer bewusster, dass die Thematik und die Erklärungsansätze sehr komplex sind.

Mit dem Herzen einer Tigerin erzählt die Geschichte der jungen Inderin Amila, gibt einen Einblick in die Situation der Frauen in Indien, erklärt einige Zusammenhänge und möchte Aufmerksamkeit für das Thema wecken. Nicht nur für das Leid, sondern auch für den Mut und das Potenzial, das dort steckt. Dieses Buch soll dazu anregen, das Thema »Gewalt gegen Frauen in Indien« in der Öffentlichkeit zu diskutieren und im Idealfall langfristig zur Verbesserung der Umstände beitragen.

Katharina Finke

I

Verschleppt, verkauft, verheiratet

Für die Hausarbeit sind meist die Frauen alleine zuständig

Ich hatte Angst. Angst, Akhtar zu treffen. Einen Mann, dem ich noch nie begegnet war und mit dem ich den Rest meines Lebens verbringen sollte. Dabei war ich gerade mal elf Jahre alt und sollte einen wildfremden Mann heiraten. Ich konnte nicht schlafen, weil ich nicht wusste, was mich erwarten würde. Ich schloss die Augen. Meine Lider waren schwer, weil ich noch so müde war. Aber mein Herz schlug schnell. Mir wurde heiß. Ich fragte mich: Was ist das für ein Mann? Wird er mich mögen? Wird er mich mit einem *Lathi* schlagen? Mit dem langen, dünnen Schlagstock aus Bambus?

Noch bevor die Sonne aufging, lief ich zum Brunnen, um Wasser für den ganzen Tag zu holen. Auf der Wasseroberfläche spiegelte sich das Mondlicht. Das kühle Wasser war angenehm erfrischend, als ich den Eimer darin eintauchte und dadurch das Spiegelbild des Monds zerstörte. Danach setzte ich den Eimer auf den Kopf und balancierte ihn zurück zum Haus. Obwohl die Sonne noch nicht aufgegangen war, spürte ich, wie warm der Tag werden würde. Sand und Staub wehten durch die Luft, legten sich auf alles, auch auf meine Haut.

Ich musste mit dem Eimer mehrmals zum Brunnen und wieder zurückgehen, bis ich genügend Wasser geholt hatte. Dann fegte ich das Haus und setzte *Chai* auf. Den Schwarztee trinkt man in ganz Indien. Meist wird er mit einem Schuss Milch und viel Zucker in einem Topf aufgekocht. Dazu kommen je nach Region verschiedene Gewürze (*Masala*), wie Kardamom, Zimt, Ingwer, Nelken, Muskat oder Lorbeerblätter. Ich nahm nur etwas Ingwer und Zimt für den *Chai* und brühte ihn mit wenig Zucker, dafür umso mehr Milch, auf. Dann brachte ich ihn der Frau, für die ich seit zwei Jahren arbeitete.

Weil sie so fett war und ich sie verabscheute, nannte ich sie Moti – auf Hindi ist das die umgangssprachliche und abschätzige Bezeichnung für dicke Frauen. Noch bevor Moti den ersten Schluck getrunken hatte, brüllte sie mich an: »Wie siehst du wieder aus? Völlig eingestaubt! Wasch dich und mach dich schön! Heute ist ein sehr wichtiger Tag!«

Ich nahm das verdreckte Küchentuch und wischte mir den Staub von der Haut. Dann ging ich zum Wassereimer und hockte mich davor, um mir Gesicht und Haare zu waschen. Ohne Seife, denn die war nur für Moti vorgesehen. Anschließend ging ich ins Haus und zog das schönste *Salwar Kameez* an, das ich hatte. Es ist die traditionelle Kleidung von einigen Inderinnen und besteht aus einem *Kameez,* einem längeren Hemd, das locker über eine *Salwar,* eine weite Hose, getragen wird, und einem Schal, der *Dupatta*. Mein *Kameez* war hellorange mit großen weißen Blumen. Sie ähnelten den Orchideen, die in meiner Heimat Assam wachsen. Und den Farben von Tigern, die es dort gibt. Nur eben nicht wild gestreift, sondern mit Blüten. Dieses *Salwar Kameez* werde ich nie vergessen. Heute würde es mir nicht mehr passen. Doch damals war ich viel dünner. Aber nicht schlank und hübsch, sondern abgemagert und schwach.

Wenige Tage zuvor war ein alter Herr gekommen, um mit Moti und ihrem Mann zu sprechen. Er wollte mich mit seinem Sohn Akthar verheiraten, wie mir Moti später erzählte. Heute war der Tag, an dem ich diesem wildfremden Mann, dessen Frau ich werden sollte, zum ersten Mal begegnen würde. Ich betete an diesem Morgen ausgiebig. Wird er mich mögen, überlegte ich, oder wird er mich so schlecht behandeln, wie Moti es getan hatte. All die Gedanken meiner schlaflosen Nacht kreisten wieder in meinem Kopf. Moti und ihr Mann brachten mich mit dem Sammeltaxi in ein fremdes Dorf, etwa vierzig Minuten von der Stadt entfernt. Sie lieferten mich bei meinem zukünftigen Mann und seiner Familie ab. Moti sagte bloß: »Sie heißt Amila.« Dann verabschiedeten sie und ihr Mann sich von der Familie – aber nicht von mir – und fuhren einfach weg.

Es war komisch. Abdul, der bei Moti zu Besuch gewesen war, zeigte auf den Mann neben sich. Dieser war zwar jünger als er, aber vermutlich doppelt so alt wie ich und bestimmt zwei Köpfe größer als ich. »Das ist mein Sohn Akthar«, sagte er. »Du bist nun seine Frau.« Akthar musterte mich ausgiebig, sagte aber kein Wort. Ich auch nicht. Aber ich schaute ihn an. Er sah seltsam aus. Sein dunkles, unreines und vernarbtes Gesicht mit den schwarzen Dreitagebartstoppeln und der großen Knubbelnase war nicht schön anzusehen. Vor seinen Augen lag ein Schleier, der das helle Blau seiner Iris und seinen Augapfel trübte. Trotzdem durchschoss mich der Blick aus seinen Pupillen wie ein Blitzstrahl. Das löste Unbehagen bei mir aus, weshalb ich meinen Blick von seinen Augen abwandte. Er zündete sich eine Zigarette an und steckte sie sich in den Mund. Dabei kamen seine vergilbten und spitzen Zähne zum Vorschein. Ich senkte die Lider und bemerkte aus dem Augenwinkel mit verstohlenem Blick die vielen schwarzen Haare, die wild aus seinem oben aufgeknöpften Hemd sprossen, dann wandte ich meinen Kopf ab. Aber in meinem Inneren brodelte es. Noch heftiger als am Morgen, als ich wach gelegen hatte.

»Du bist seine Frau!« – der Satz hallte wie ein Echo in meinem Kopf. Es tat weh und fühlte sich an, als ob die Worte immer wieder kräftig gegen meine Schädeldecke geschlagen würden. »Du bist seine Frau! Du bist seine Frau! Du bist seine Frau!« – wie ein Mantra wiederholte ich die Worte lautlos für mich selbst. Ich hatte Angst. Es sollte einfach nur aufhören. Tat es aber nicht. Ich wusste nicht, wie mir geschah, wo ich genau war und wer dieser Akthar, mein Mann, eigentlich sein sollte.

Plötzlich kam ein anderer Mann auf mich zu und rammte mir einen kleinen goldenen Stecker in einen Nasenflügel. Es gelang ihm nicht auf Anhieb, und so begann Blut auf mein Lieblings-*Kameez* zu tropfen.

Doch der Fremde bohrte weiter, bis die goldene Verzierung fest in der Haut verankert war, und sagte: »Das ist das Zeichen für euer Bündnis.« Dann rief Akthar: »*Muhdak Karo* (Bedecke dein Gesicht)!« und zog mir den Schal übers Gesicht, wodurch er meinen fragenden Blick verbarg, denn ich verstand nicht, was das sollte. Aber die Männer schienen zufriedengestellt zu sein und ließen mich mit der einzigen Frau, die außer mir in der Hütte stand, alleine.

»Keine Angst«, sagte sie, »ich bin Kamla, deine Schwiegermutter.« Wir setzten uns auf den Boden und sie erklärte mir, dass Mädchen, sobald sie verheiratet und damit zu Frauen werden, solch ein Nasenornament bekommen, das sie bis an ihr Lebensende tragen müssen. Zum Glück mochte ich Schmuck. Zudem müssen verheiratete Frauen ihr Gesicht komplett bedecken, damit kein anderer Mann außer ihrem Ehemann es sehen kann. Dann zeigte sie mir die verschiedenen Methoden, den Schleier zu binden (*Ghunghat Karna*). Entweder komplett über den Kopf, wenn das Tuch so dünn ist, dass man hindurchsehen kann. Oder man stülpt den Schleier über die Stirn, legt den längeren Teil über Nase und Wangen und bindet ihn hinter dem Kopf zusammen, sodass nur die Augen herausgucken. Heute ist das alles selbstverständlich für mich, aber damals musste ich es erst lernen. Gemeinsam probierten wir verschiedene Wicklungen aus, und es kam mir fast vor wie ein Spiel. Aber irgendwie war es auch bizarr und ungewohnt.

Das Wort *Ghunghat* hatte ich zuvor noch nie gehört. In meiner Heimat Assam nennen wir den Schleier *Dupatta,* der ganz locker gebunden und manchmal wie ein Schal getragen wird. Doch hier in Alwar, mehrere Tausend Kilometer entfernt von meiner Heimat, wo ich damals seit knapp zwei Jahren lebte, »sind viele Dinge ganz anders«, wie Kamla es ausdrückte.

Alwar ist der Name einer Region und ihrer Hauptstadt in Rajasthan, einem Bundesstaat im Nordwesten Indiens. Assam, mein Heimatstaat, befindet sich im Nordosten des Landes, oberhalb von Bangladesch. Es ist das Gebiet ganz rechts oben auf der Landkarte von Indien, das so aussieht, als ob es gar nicht mehr dazugehöre. Und genauso fühlte ich mich auch. Wie eine Außenseiterin. Alles in Alwar sah anders aus als in Assam und war mir fremd. Die Erde war trocken, ebenso die Luft. Ich konnte kaum atmen. Alles war voller Staub. Der kam von verschiedenen Orten: aus der Wüste, die hinter dem rostroten Gebirgszug liegt, der sich am Horizont abzeichnet. Von den großen weißen Schornsteinen der Ziegelöfen aus rotem Backstein, die in den Himmel ragen und aus denen unaufhaltsam schwarze Rauchschwaden qualmen. Und von den Abgasen der unzähligen Lastwagen, Motorräder, Traktoren. Viele Lastwagen sind mit Steinen beladen und brettern unaufhaltsam über die Hauptstraße, die verschiedene Orte in Alwar mit der Provinzhauptstadt verbindet.

Nur die Kleidung der Männer, weiße *Kurtas,* war mir vertraut. Die weit geschnittenen, kragenlosen Hemden sind in Indien ein traditionelles Herrenoberteil. Für mehr Bewegungsfreiheit sind sie ab der Hüfte oder dem Knie, je nach dem wie lang sie sind, nicht zusammengenäht, genau wie das *Kameez* für die Frauen. Die Ärmel fallen gerade bis zum Handgelenk. Darunter tragen sie meist Stoffhosen, heutzutage auch Jeans.

Einige Männer bedecken ihre Haare mit langen Tüchern, die sie wie einen Turban auf ihrem Kopf drapiert haben. Die Alternative dazu sind *Takes*, weiße gehäkelte Mützen, die viele Muslime tragen. Von ihnen sah ich in Alwar deutlich mehr als in Assam. Auch Akthar hat eine *Take*, trägt sie aber meist nur zum Besuch der Moschee. Auch Moscheen scheint es hier mehr zu geben als Hindu-Tempel.

Wenn die Männer nicht in der Moschee sind, rauchen sie Wasserpfeife oder starren gelangweilt in die Gegend. Auch die Tiere scheint nichts aus der Ruhe zu bringen. In den wenigen Tümpeln gönnen sich ein paar der schwarzbraunen Wasserbüffel eine Abkühlung. Kühe stöbern im Müll, der sich am Straßenrand häuft und bestialisch stinkt. Überall liegen Plastik- und Pappbecher vom *Chai* herum. Dazwischen räkeln sich Hunde faul im Dreck und Schweine suhlen sich grunzend im Matsch. In ihren groben Borsten trocknet der Schlamm besonders schnell. Kein Wunder, denn die Sonne brennt erbarmungslos vom Himmel.

Während Männer und Vieh untätig der Hitze trotzen, wuseln die Frauen immerzu umher. Auf den Köpfen tragen sie in großen Bündeln Feuerholz oder Heu von den umliegenden Feldern. Fast jede hat noch ein Kind auf dem Arm oder an der Hand. Sobald die Kleinsten sicher laufen können, helfen sie ihren Müttern bei der täglichen Arbeit. Bei einigen Frauen spannt das *Kameez* am Bauch, weil sie schon wieder schwanger sind. Kinder gebären, sich um die Großfamilie und den Haushalt kümmern, das sind die Aufgaben der Frauen in Alwar. Dabei sollen sie möglichst nur dann das Haus verlassen, wenn sie auf dem Feld arbeiten oder Feuerholz heimtragen.

Und draußen müssen sie sich verschleiern. Sonst fangen die Leute an zu reden und die Frau bekommt Ärger zu Hause, erklärte mir Kamla. Denn eine verheiratete Frau ohne *Ghunghat* und Nasenstecker ist eine schlechte Frau. Einfluss darauf, wen sie heiratet, hat sie genauso wenig wie der Mann. Darüber entscheiden die Eltern. »Bei uns in Alwar muss die Frau der Ehe nicht zustimmen«, belehrte mich Kamla. Es reiche, wenn der Mann bei der *Nikah* (muslimischen Hochzeit) das Eheversprechen abgibt und zwei männliche Zeugen dabei sind.

Von meiner Familie war niemand bei meiner Hochzeit, nur Akthar und ein paar Männer aus seiner Familie waren dort. Selbst Kamla war nicht dabei, weil sie eine Frau ist. Dafür habe sie mich gemeinsam mit ihrem Mann als Braut für Akthar ausgewählt. Das sei auch im Rest des Landes quer durch alle Kasten und Religionen keine Seltenheit. Fast jede Heirat in Indien ist arrangiert. Ehe hat hier nichts mit Liebe zu tun. Sondern mit Macht, Besitz und Geld. Der Vater übergibt die Tochter ihrem Ehemann und damit auch die volle Verantwortung für sie. Dafür zahlt der Vater der Braut eine Mitgift. Das kann in Form von Büffeln, Geld, Gold, Schmuck oder anderen Wertgegenständen geschehen. Mitunter werden auch Flachbildfernseher, Mobiltelefone und Autos als Brautgeschenke übergeben.

»Das Wichtigste ist ohnehin, dass Mann und Frau aus der gleichen Kaste stammen«, sagte meine Schwiegermutter. Die Details wollte sie mir ein anderes Mal erklären. Ich war ja erst elf Jahre alt und hatte keine Ahnung, was mit mir passierte. Dass Söhne und Töchter keinen Einfluss bei der Partnerwahl haben und Mädchen so jung verheiratet werden, konnte ich einfach nicht verstehen. Außerdem fragte ich mich, ob meine Eltern auch etwas für mich gezahlt hatten. Aber das konnte ich mir nicht vorstellen, weil sie sehr arm und aus Assam waren.

In Assam, wo ich geboren wurde, ist alles anders. Dort ist es wunderschön: Die Luft ist rein, das Wasser klar und zwischen dem Grün der Wiesen blühen Blumen. Leider bin ich schon so lange von dort weg, weshalb ich das meiste bereits vergessen habe. Aber an meine Kindheit erinnere ich mich noch gut und gerne. Damals konnte ich mich noch frei bewegen, es gab nicht so strenge Vorschriften wie in Alwar und ich hatte viel Spaß mit meinen Freundinnen.

Wir waren zu fünft. Mananda, die Stärkste von uns allen, mochte ich am liebsten, außerdem waren da die Mitläuferin Aswaa, die schüchterne Somila, Omissa, die Hindu ist, und ich. Wir sind gemeinsam zur Schule gegangen, aber gelernt haben wir recht wenig, weil wir noch so klein und ganz schön frech waren. Sobald wir das Schulgebäude betraten, schmissen wir unsere Taschen und Bücher in die Ecke, gingen raus auf den Hof und begannen dort zu spielen. Meistens *Kabaddi* (Luft anhalten).

Dabei gibt es zwei Mannschaften und je einen Räuber. Der muss »Luft anhalten« rufen und darf dann nicht mehr ausatmen, während er versucht, so viele gegnerische Spieler wie möglich zu fangen. Sobald ihm die Puste ausgeht, ist die andere Mannschaft dran und schickt ihren Räuber los. Da wir meist nur zu fünft waren, strengte uns das Spiel ganz schön an und wir hörten oft nach ein paar Runden wieder auf.

Dann setzten wir uns in den Sand und spielten *Ludo*[*] – mein Lieblingsspiel. Wir hatten nur Geld für einen Würfel, weshalb wir uns die Spielfiguren für *Ludo* aus dem basteln mussten, was uns gerade in die Hände fiel. Meist waren das Bambusstäbchen und kleine Steine. Jede Mitspielerin benötigte vier Figuren, die sie durch Würfeln möglichst schnell ins Ziel bringen musste. Das Spielbrett malten wir in den Sand. Da es nur vier Spielerinnen gibt, musste immer eine aussetzen. Das war aber gar nicht schlimm: Wer nicht mitspielen durfte, pflückte für die anderen Karambola vom Baum. Entweder aßen wir die kleine grüngelbe Sternfrucht sofort, dann ist sie sehr sauer. Oder wir quetschten sie aus und verdünnten den Saft mit Was-

---

[*] Vorgänger von »Mensch ärgere dich nicht!«

ser, was sehr süß schmeckt, mir aber besser mundete als die pure, bittere Frucht.

Wenn ich nicht in die Schule ging oder mit Freunden am Fluss spielte, war ich bei meinen Eltern. Wir wohnten in zwei Häusern aus Bambusstangen. Das eine hatte ein Dach aus Stroh, das größere eines aus Zinn.

Ringsherum standen meterhohe Papayabäume sowie *Paan*-Sträucher, unter denen ich als Mädchen noch hindurchgehen und von unten die orangefarben Betelnüsse betrachten konnte. Direkt hinter den Häusern gab es zwei wichtige Löcher im Boden. Über einem thronte die Pumpe, mit deren großem Schwengel wir Wasser aus der Erde holen konnten. Das andere Loch war umgeben von Bambuspalisaden und diente als Toilette.

Direkt dahinter wuchsen Kokosnuss-, Mango- und Bananenbäume. Über das Jahr trugen sie so viele Früchte, dass unsere Familie sie gar nicht alle essen konnte. Wenn ich Lust hatte, half ich meiner Mutter bei der Ernte. Oft ärgerte ich aber lieber unsere zwei Ziegen, indem ich sie neckisch am Schwanz zog. Oder die zwei Dutzend Hennen, die gackernd vor unserem Haus umherliefen und besonders leckere Eier legten. Außerdem beobachtete ich gerne die Enten unserer Nachbarn, wenn sie gemächlich aus dem Teich neben dem Feld watschelten.

Als meine jüngeren Schwestern Momina und Sobriya auf die Welt kamen, wurde mir von meiner Mutter aufgetragen, auf sie aufzupassen. Das war zwar was anderes als Tiere ärgern, gefiel mir aber gut. Sobald sie laufen konnten, gingen wir alle gemeinsam raus aufs Feld. Das war eine schöne Zeit, an die ich mich gerne erinnere.

Meinen Vater Halim sah ich leider nicht allzu oft, weil er viel im nahe gelegenen Steinbruch arbeiten musste. Denn wir hatten wenig Geld. Wenn er nach Hause kam, war er meistens erschöpft, aß noch etwas und legte sich schlafen. In der Früh verließ er nach dem Morgengebet das Haus. Ich freute mich jedes Mal, wenn er uns vom Markt am Ende unserer Straße *Larus* mitbrachte. Am liebsten mochte ich die gelben Bällchen aus Mehl, Milch und Zucker mit Sesam. Leider bekam ich diese Köstlichkeit nicht sehr häufig. Etwa so selten, wie meine Eltern, die beide ungefähr gleich alt sind, miteinander Zeit verbrachten oder sich unterhielten.

Das lag vor allem daran, dass meine Mutter Zahra ungerne den Mund aufmachte. Sie war immer so still, und oft hätte ich sie am liebsten gepackt, geschüttelt und gefragt: Bist du taub? Hörst du nichts? Kannst du nichts sagen? Was ist los mit dir? Aber das tat ich natürlich nicht. Ich war jedenfalls ganz anders. Ausgesprochen neugierig, und ich konnte nicht verstehen, warum meine Mutter sich anscheinend für nichts interessierte und mit niemandem etwas zu tun haben wollte. Unsere Verwandten sagten daher immer: Das Einzige, was du von deiner Mutter Zahra hast, sind die großen und kräftigen Hände. Das aufgeweckte Wesen, die schönen und feinen Gesichtszüge sowie

25

die großen tiefbraunen Augen stammen von deinem Vater Halim. Auch meine Brüder Ajmal und Sahid, die nach uns drei Mädchen geboren wurden, haben die Augen meines Vaters.

Und eine Gemeinsamkeit haben wir sogar alle fünf: ein klitzekleines schwarzes Muttermal auf der Rückseite des rechten Ohrs. Das ist unser geheimes Erkennungszeichen. Als erstes Kind hatte meine Mutter mich zur Welt gebracht, da war sie zwanzig Jahre alt. Meine Geschwister folgten im 24-Monats-Takt.

Als meine Mutter mit meinem Bruder Sahid schwanger war, kam Moti, die damals noch in unserem Nachbardorf wohnte, zum Haus meiner Eltern. Meine Mutter schien die fette Frau zu kennen, denn sie begrüßte sie freundlich. Dann begann Moti auf sie einzureden. Meine Mutter war wie immer sehr ruhig, fragte nicht nach und hörte nur zu. Ich beobachtete die beiden aus der Ferne und konnte daher nicht hören, worüber sie redeten. Aber ich platzte beinah vor Neugier. Also brachte ich ihnen etwas Wasser mit Karambola, um besser lauschen zu können.

Moti fragte: »Das ist sie also deine Älteste?« Meine Mutter bejahte das und sagte: »Amila ist mit neun Jahren meine Älteste.« Jetzt konnte ich meinen Mund nicht mehr halten und fragte: »Mama, warum will die Frau das wissen?« Sie antwortete: »Moti würde dich gerne mit nach Neu-Delhi nehmen.« Daraufhin rief ich: »Toll, wie aufregend!« Ich freute mich, denn ich war zuvor noch nie außerhalb meines Dorfes gewesen. Aber meine Mutter schaute mich nicht an. »Darf ich denn, Mama? Bitte!«, bettelte ich und wollte gar nicht wissen, warum Moti mich mitnehmen wollte. Hauptsache Abenteuer, dachte ich mir. Meine Mutter zögerte erst, stimmte dann aber zu, weil sie Moti vertraute. Halim überließ seiner Frau öfters Entscheidungen. Heute weiß ich, dass das eine Seltenheit in Indien ist. Doch zum Glück war und ist mein Vater kein Patriarch. Er hat seine Söhne und Töchter immer gleich und fair behandelt und niemanden benachteiligt. Auch meine Mutter nicht. Zumindest nicht, dass ich wüsste.

Am nächsten Tag in der Schule erzählte ich meinen Freundinnen sofort von der bevorstehenden Reise. Ich war so gespannt. Somila, die kleinste und zierlichste von uns allen, war ganz eifersüchtig. Aswaa, Omissa und Mananda freuten sich für mich und sagten, ich solle ihnen etwas Schönes mitbringen. Ein paar Tage später ging es schon los. Meinen Vater sah ich vor meiner Abreise leider nicht mehr. Ich fand es schade, dass ich mich noch nicht einmal von ihm verabschieden konnte. Aber in ein paar Tagen würde ich ja ohnehin wieder zurück sein, so hatte es Moti versprochen, und dann wollte ich ihm von meinen Abenteuern berichten.

Meine treue Freundin Mananda besuchte mich noch einmal, um mir Auf Wiedersehen zu sagen, bevor ich schließlich abgeholt wurde. Moti war nur etwas größer als ich und roch seltsam, aber ich konnte den Geruch nicht identifizieren. Vielleicht war es einfach ihr Schweiß, denn so fett wie sie war, schwitzte sie sehr schnell. Mir kam es vor, als ob sie mindestens das Fünffache von mir, wenn nicht sogar mehr, gewogen hätte.

Mit einem kleinen Sammeltaxi ging es nach Guwahati, der etwa dreißig Kilometer entfernten größten Stadt in Assam. Der dazugehörige Vorort Dispur ist Sitz der Regierung des Bundesstaates. Das hatte ich in der Schule gelernt. Auch, dass wir den Brahmaputra überqueren müssen, einen der größten und wasserreichsten Flüsse des Landes. Sein Bett war ohnehin mehrere Hundert Meter breit, doch bei den jährlichen Hochwassern dehnte er sich an manchen Stellen sogar auf bis zu drei Kilometer aus.

Für mich war es das erste Mal, dass ich mit einem Sammeltaxi fuhr. Und es war wirklich aufregend. Das Gepäck kam aufs Dach. Drinnen saß ich eingequetscht zwischen Moti und den anderen Passagieren. Eine Frau trug wunderschönen Schmuck: goldene Ohrringe mit pinkfarbenen Steinen, an denen ich mich nicht sattsehen konnte.

Feste Stationen schien es nicht zu geben, wir hielten überall dort, wo jemand zu- oder aussteigen wollte. Eine Frau mit einem Zicklein verließ das Taxi, und ihren Platz nahm eine andere mit einem Reissack ein, die mir damit fast während der ganzen Fahrt die Sicht versperrte. Als wir schließlich nach etwa drei Stunden die Stadt erreicht hatten und ich wieder aus dem Fenster sehen konnte, da die Frau mit dem Reissack das Fahrzeug endlich verlassen hatte, war ich überwältigt. Ich hatte noch nie in meinem Leben so viele

Menschen gesehen. Noch nie so einen Trubel. Motorräder rasten vorbei, am Straßenrand reparierten Männer Schuhe und an den Ständen lachten mich rosafarbene Taschen, Kleider und Schals an. Ich war beeindruckt, wusste gar nicht, wo ich zuerst hinsehen sollte, und wollte überall anhalten. Doch Moti ließ meine Hand nicht los.

Als wir aus dem Taxi stiegen, zog sie mich rasch an einem Gebäude vorbei zu einer Treppe, ich sah nur noch Beine. Die Stufen rauf und wieder runter, führte sie mich direkt zum Gleis. Noch nie zuvor hatte ich so etwas gesehen: Eisenstücke auf Holzbalken montiert, die scheinbar endlos in die Ferne führten. Und dann erst die riesigen Ungetüme aus Stahl, die auf diesen langen Eisenstücken ankamen, Hunderte Menschen ausspuckten, andere wieder aufsogen und nach einem Pfeifen davonfuhren. Zwischendurch sprach eine knarzende Stimme aus einem Trichter an der Decke – was für ein Wirrwarr.

Beeindruckend war auch das Treiben um mich herum. Auf dem Bahnsteig konnte ich kaum noch den Boden sehen. Überall standen und hockten Menschen, dicht an dicht. Ausgemergelte Männer balancierten Koffer, Taschen und Pakete auf dem Kopf, die elegant und sauber gekleideten Menschen gehörten. Moti und ich waren mittendrin. Sie hatte meine Hand umklammert und quetschte sie so fest, dass sie mir wehtat.

Neben uns verkaufte ein Händler Kokosnüsse. Mit einer Machete hackte er sie an einem Ende auf, steckte einen Strohhalm rein und gab sie den Käufern, die den Saft ausschlürften. Andere kauften sich an kleinen Buden Cashewnüsse oder *Chai*. Gut, dass ich den nicht so gerne mag, denn für uns gab es nur Wasser. Das holten wir von einem Hahn in der Mitte des Bahnsteigs. Als wir uns dafür anstellten, krallte Moti meine Hand erneut viel zu fest, wobei sich ihre scharfen und dreckigen Fingernägel tief in meine Haut bohrten. Mit der gefüllten Plastikflasche unterm Arm suchten wir uns schließlich ein schattiges Plätzchen und setzten uns auf den Boden.

Es war heiß. Die Überdachung am Bahnsteig gab nur wenig Schatten und konnte gegen die Hitze, die sich zudem noch durch die Menschenmassen staute, nicht wirklich etwas ausrichten. Es stank furchtbar. So etwas hatte ich vorher noch nie gerochen: eine Mischung aus Urin, verbranntem Plastik, Essensresten, *Chai* und ein paar undefinierbaren Düften. Um den Gestank etwas abzuschwächen, zog ich mir schnell die *Dupatta* vor Nase und Mund. Die Ausdünstungen, die Hitze und die Menschenmassen machten das Warten unerträglich. Außerdem fragte ich mich, wie groß der Zug eigentlich sein musste, damit alle hier Wartenden hineinpassen würden. Was wollten die bloß alle in Neu-Delhi? Es muss dort wohl ziemlich aufregend sein. Also vertrieb ich mir die Zeit damit, mir auszumalen, was ich mir von dem, was ich aus den Schulbüchern kannte, in der Hauptstadt ansehen könnte. Bald würde ich es tatsächlich erleben.

Dann fuhr unser Zug ein. Rund ein Dutzend weißer Waggons mit hellblauen Schriftzügen. Aber ich konnte sie nicht lesen. Noch bevor das dröhnende Monstrum anhielt, sprangen zahlreiche Fahrgäste auf beiden Seiten aus den offen stehenden Türen auf die Bahnsteige. Ihnen entgegen strömte die Masse, die zuvor stundenlang mit uns gewartet hatte und jetzt schnell in den Zug wollte. Moti hielt meine Hand wieder viel zu fest. Diesmal bereiteten mir nicht nur ihre Fingernägel Schmerzen, sondern auch die drängelnden Menschen, die mich von allen Seiten anrempelten oder mir ihre Taschen und Pakete ins Gesicht stießen. Ich war so klein, dass ich mich auf der Höhe ihrer Achseln befand und ihren Schweiß noch intensiver riechen konnte. Als wir endlich im schmalen Gang des Zugwagens ankamen, waren alle Sitzplätze schon vergeben.

Die Männer saßen aufgereiht wie die Hühner auf der Stange nebeneinander. Einige von ihnen hatten sich bei anderen auf den Schoss gesetzt, das Gepäck zwischen ihnen, unter den Sitzen oder im Gang. Wir mussten stehen. Immerhin direkt am vergitterten Fenster, sodass mir ein bisschen Fahrtwind ins Gesicht blies und ich die Landschaft beobachten konnte. Palmen, Felder und Dörfer zogen vorbei. Außerdem sah ich Hühner, Ziegen, Kühe und Büffel. Jedes Mal, wenn sich ein *Chai*-Verkäufer mit Metallkanne und einem Stapel Plastikbechern an uns vorbeidrängte, spürte ich die harten Gitterstäbe in meinem Rücken und das Gewicht von Moti auf meinen nackten

Füßen. Gab es denn keinen anderen Flecken, auf den sie ausweichen konnte?

Nach stundenlangem Stehen ergatterte Moti schließlich einen Sitzplatz. Sie drängelte sich neben eine andere Frau und schob ihr ein kleines Mädchen, das zuvor dort gesessen hatte, ungefragt und ungeniert auf den Schoss. Obwohl mir die Frau wie die Mutter der Kleinen vorkam, blieb sie regungslos sitzen. Erst als das Mädchen anfing zu weinen, nahm sie es grob in den Arm. Ich blieb weiter stehen. Für viele Stunden. Dabei musste ich so dringend auf Toilette. Aber Moti ließ mich nicht allein gehen und wollte ihren Sitzplatz auch nicht verlieren.

Gefühlt tausend Palmen und hundert Bahnhöfe später stiegen wir endlich aus. Es war dunkel, um die Lichter am Bahnhof kreisten Mückenschwärme. »Sind wir nun in Neu-Delhi?«, fragte ich Moti. Aber sie reagierte nicht, sondern ging schnurstracks mit mir zur Bahnhofstoilette. Dann setzten wir uns auf den dreckigen Boden davor. »Wir warten auf den nächsten Zug«, zischte sie mir zu. Kurz darauf schlief sie ein und schnarchte laut. Die vielen Menschen, die um uns herum saßen und lagen, interessierte das nicht. Ich fühlte mich sehr unwohl, bis mir irgendwann vor Erschöpfung auch die Augen zufielen. Wach wurde ich erst wieder von den quietschenden Bremsen des ersten Zuges, der in der Morgendämmerung direkt vor uns haltmachte.

Moti schüttelte sich, stürmte mit mir in den Zug und setzte sich in den Gang, um weiterzuschlafen.

Diesmal kletterte ich auf die Gepäckablage und kauerte mich dort hin. So klein wie ich war, funktionierte das gut. Die Seile der Ablage waren angenehmer als die Gitterstäbe vom Fenster. Nur sehen konnte ich von hier aus nichts. Als ich runterklettern wollte, um aufs Klo zu gehen, schubste Moti mich energisch zurück und sagte: »Oder willst du den Rest des Tages stehen?« Also blieb ich oben.

Von einem Stopp zum nächsten beobachtete ich nun nicht mehr die Landschaft, sondern die Leute. Je mehr Zeit verging, desto größer und dunkler wurden die Gestalten. Auf einmal zog mich Moti am Handgelenk von der Ablage. »Delhi, Delhi, Delhi«, riefen einige Passagiere wie aufgescheuchte Hühner. Moti zerrte mich an ihnen vorbei durch den Gang auf den Bahnsteig. Durch Lautsprecher schepperte eine Stimme: »Der nächste Zug von Neu-Delhi nach Gandhinagar fährt von Gleis zwei.« Endlich da!, dachte ich.

Die Sonne war schon untergegangen, als wir das Bahnhofsgebäude verließen. Draußen hupte ein Schwarm von Auto-Rikschas. Die motorisierten Dreiräder, die in der Regel Menschen transportieren, waren kleiner und hatten eine andere Farbe als in Assam. Grün statt Schwarz, nur das gelbe Dach war gleich. Sie dienten genauso als Taxi, wie die bunten Fahrrad-Rikschas, die ich in Assam nur selten gesehen hatte, denn davon kamen nur wenige zu uns ins Dorf, und das hatte ich bis dahin ja noch nie verlassen. Vor uns hielt ein Bus. Sein grelles Scheinwerferlicht blendete mich. Wir stiegen ein. Die Reise ging also weiter.

Im Bus gab es keine Beleuchtung, alles war dunkel. Nur die Leuchtreklame der Läden, an denen wir vorbeifuhren, warf ein wenig Licht ins Innere unseres Gefährts. Ich dachte mir: Neu-Delhi muss ganz schön groß sein, wenn wir nun auch noch mit dem Bus fahren müssen. Die Geschäfte wurden weniger und damit auch die Lichter der Leuchtreklame. Wir fuhren auf einer Landstraße, die endlos schien. Inzwischen war es stockdunkel. Der Bus hielt mehrmals an. Doch wir blieben sitzen. Mein Misstrauen wurde von Halt zu Halt größer. Ich war mir sicher, dass irgendetwas nicht stimmte. Aber ich wollte Moti, die mal wieder hemmungslos schnarchte, nicht wecken, um zu fragen, wo wir hinfahren und ob wir noch in Neu-Delhi sind.

Erst an der Endstation stiegen wir aus. Dort wartete ein alter Mann. Motis Mann, der uns zu einem Sammeltaxi brachte. Damit fuhren wir zu dritt weiter durch die Dunkelheit.

Nach über einer Stunde hielt das Taxi, wir stiegen aus und gingen ein paar Schritte durch Felder, bis wir vor einem Haus standen. Moti und ihr Mann verschwanden darin, aber mich ließen sie draußen stehen. Als ich auch reingehen wollte, scheuchte mich Moti wieder raus.

Also legte ich mich, weil ich so erschöpft war, vor das Haus und betrachtete den Himmel. Die Luft war so trocken und staubig, dass die Sterne, die ich sonst immer klar hatte funkeln sehen, wie von einem trüben Film überzogen schienen. Fremd fühlte ich mich.

Fremd und allein. Aber ich wollte nicht weinen, auch wenn ich das am liebsten getan hätte. Abenteurer müssen tapfer sein, dachte ich mir. Irgendwann schlief ich schließlich vor Erschöpfung ein.

Am nächsten Tag sah ich statt des versprochenen Abenteuers in der Hauptstadt nur eins: *Ghass* (Gras). Und das musste ich schneiden. »*Ghass Katna, Ghass Katna, Ghass Katna*«, brüllte Moti mich an. Und nicht nur an diesem Tag, sondern auch an allen weiteren. Alles was mir versprochen worden war, dass ich auf dem alten Basar in Neu-Delhi einkaufen gehen, mir die Sehenswürdigkeiten ansehen könnte – das *India Gate*, die *Jama Masjid*, die größte Moschee des Landes, und auch das *Qutub Minar*, das höchste Minarett von Indien –, all das wurde nicht wahr. Stattdessen erwachte ich in einem Albtraum.

»Wo haben sie mich nur hingebracht?«, fragte ich mich immer wieder. Hier gibt es nichts außer Gras weit und breit. Ich musste weinen.

Als Moti das sah, nahm sie ihren *Lathi*, prügelte damit auf mich ein und schrie immer wieder: »*Ghass Katna, Ghass Katna, Ghass Katna!*« Das musste ich jetzt von Sonnenaufgang bis Sonnenuntergang in der trockenen Hitze tun. Ohne Wasser. Ohne Essen. Ohne Pause. Wenn ich mich dagegen wehrte, gab es Schläge. Sie trafen hart auf meine Haut, auf meinen kleinen und zerbrechlichen Körper. Dass ich noch ein Kind war und absolut hilflos, schien Moti nicht zu interessieren.

Ihre Schwester Sanya dagegen schon. Zum Glück

war sie ganz anders als Moti. Nicht so fett, sondern zierlich und viel größer als ich. Bei ihr wohnte ich und bekam regelmäßig etwas zu essen. Dafür musste ich mich um ihr Haus und die sechs Kinder kümmern, die nur etwas jünger waren als ich. Ich war ihr Dienstmädchen. Und so musste ich jeden Tag das Haus fegen und wischen, *Chai* kochen und Wäsche waschen. Die Büffel füttern und melken sowie die drei Mahlzeiten zubereiten, zu denen es immer *Roti* (Brot) gab, statt Reis wie in Assam. Ich fand mich damit ab, denn mein gefüllter Magen gab mir etwas Würde zurück. Außerdem hatte Motis Schwester keinen *Lathi*. Sie schlug mich niemals. Und auch sonst behandelte mich Sanya sanft. Bei ihr fühlte ich mich zumindest etwas wohl.

Doch nur der kleinste Gedanke an Moti regte mich auf, und ich fragte mich, wie lange mein Leben so weitergehen sollte. Eigentlich hatte meine Mutter mit Moti abgemacht, dass sie mich nach ein paar Tagen wieder zurückbringt, und die waren nun definitiv vorbei. Andererseits hatte sich Moti bisher auch nicht an sonstige Absprachen gehalten. Ganz im Gegenteil: Von Neu-Delhi hatte ich außer dem Bahnhof nichts gesehen. Ich war ziemlich wütend darüber. Aber größer noch als die Wut war meine Angst davor, dass ich nun auf unbestimmte Zeit bei Moti bleiben müsste. Die Angst wurde von Tag zu Tag größer. Genauso wie mein Heimweh. Ich vermisste Assam und begann zu weinen. Sobald Moti das sah, schlug sie auf mich ein. Ihre Antwort auf meine Tränen waren stahlharte Schläge mit ihrem *Lathi*.

Wochen verstrichen. Monate vergingen. Ich fragte mich, ob meine Eltern sich keine Sorgen machten. Ob sie mich suchten. Andererseits: Wie sollten sie mich hier finden? So weit weg von Assam? Meine Zweifel daran, dass mein Vater überhaupt etwas von der Reise und der Vereinbarung mit Moti gewusst hatte, wurden immer größer, und ich fragte mich, ob meine Mutter wohl den Mund aufbekommen hatte, um ihm davon zu erzählen. Doch was könnte er tun? Ich war so enttäuscht, so verzweifelt. Alles staute sich in mir. Denn ich durfte nicht weinen. Ich musste weiter für Sanya im Haus arbeiten, für Moti Gras schneiden und auf wenig Prügel von ihr hoffen.

Nach knapp zwei Jahren bestellte Moti mich in ihr Haus. Es war das erste Mal, dass ich es betrat. Dort saß zwischen Moti und ihrem Mann ein alter Herr auf dem Teppich. Er hatte nur noch wenige graue Haare. Sein Gesicht durchzogen tiefe Furchen. Er sah zum Fürchten aus. »Bring uns *Chai!*«, forderte Moti mich auf. »Warum machst du das nicht selbst?«, entgegnete ich und war überrascht über meinen Trotz. »Ich arbeite nicht hier, sondern bei deiner Schwester!« Moti schaute mich böse an und brüllte: »Tu gefälligst, was ich dir sage!« Widerwillig ging ich, kochte *Chai* und brachte ihnen drei Tassen.

Der Alte musterte mich von oben bis unten: »Wie heißt du?«, fragte er mich. »Warum willst du das wissen, das geht dich gar nichts an!«, entgegnete ich ihm schroff. Wo ich diesen Mut hernahm, konnte ich mir selbst nicht erklären. Wahrscheinlich von der Wut, die sich während der zwei Jahre angestaut hatte. Ich musste sie einfach rauslassen. Der alte Mann packte mich am Oberarm. »Wenn du willst, dass ich für dich arbeite, sag es doch einfach, aber stell mir keine unnötigen Fragen!«, schimpfte ich.

Entsetzt sah er mich an. Voll Zorn warf Moti ihren Becher mit heißem *Chai* nach mir und schrie: »Was fällt dir ein! Wisch das auf, entschuldige dich bei dem Herrn und dann mach, dass du rauskommst!« Ich hockte mich hin und wischte den verschütteten *Chai* auf. Meine Hände zitterten. »Was für ein arrogantes, unverschämtes Plappermaul!«, beschimpfte mich der Alte. »Du bist *haram**, jemand wie du bringt nur Schlechtes hervor.«

Dann kniff mich Moti mit Daumen und Zeigefinger ins Ohrläppchen, zog mich zu sich und schrie mir ins Ohr: »Du sollst dich doch bei dem Mann entschuldigen! Mach schon!« Mit verzogenen Augen sagte ich ganz leise: »Es tut mir leid.« Moti kniff noch fester in mein Ohr. »Es tut mir leid!«, sagte ich laut, wand mich aus Motis Griff und rannte so schnell ich konnte in die Küche. Von dort belauschte ich das Gespräch durch den Vorhang, der die beiden Zimmer voneinander trennte. Moti entschuldigte sich mehrmals bei dem Alten für mein Verhalten. Irgendetwas beredeten sie, aber ich verstand nicht genau, was. Es war ein bisschen wie beim ersten Mal, als ich Moti gesehen hatte, als sie kam, um mit meiner Mutter zu sprechen.

---

* *haram* bedeutet »nach islamischem Glauben verboten«.

Nur diesmal nahm Moti Geld. Von dem Mann. Wie viel, konnte ich nicht erkennen. Dann verabschiedeten sich die drei voneinander, und der alte Mann verließ das Grundstück.

Nun kam Moti wieder zu mir, mit ihrem *Lathi* in der Hand. Sie holte aus und der Stock sauste auf mich nieder. Ich erinnere mich nur noch daran, wie ich blutend auf dem Küchenboden zu mir kam. Moti stand immer noch vor mir. Sie trat mir in den Bauch und forderte mich auf, zu gehen, was ich auch widerspruchslos tat. Ich weinte bitterlich auf dem Weg zu Sanyas Haus, die mich empfing und tröstete.

Ein paar Tage später, die Wunden waren noch nicht verheilt, rief Moti mich morgens wieder zu sich und sagte: »Heute schneidest du kein Gras, wir machen einen Ausflug.« Wohin, sagte sie mir nicht, umso gespannter war ich. Aber ich fürchtete mich auch. Denn ich wusste noch genau, was das letzte Mal, als sie mich mit einem Ausflug gelockt hatte, passiert war. Moti, ihr Mann und ich stiegen in ein Sammeltaxi und fuhren zum Basar. »Warte hier«, sagte sie zu mir, »wir besorgen nur schnell etwas und kommen dann wieder.« Ich wartete und wartete. Aber sie kamen nicht zurück.

Dafür sah ich plötzlich ein faltiges Gesicht, das mir bekannt vorkam. Es war der alte Mann, der neulich bei Moti zu Besuch gewesen war und mich als *haram* beschimpft hatte. Er schritt auf mich zu. »Komm, wir gehen zu mir«, sagte er. »Warum, was soll ich da?«, fragte ich ihn abweisend. Er meinte, dass Sanya dort auf mich warten würde. Ich war überrascht, weil sie mir nichts davon erzählt hatte. Da ich aber nicht wusste, wie ich sonst zu ihr kommen sollte, fuhr ich mit ihm zu seinem Haus. Er wohnte dort zusammen mit seinen vier Söhnen, deren Frauen und ihren Kindern.

Einer der Söhne, der etwa so alt war wie mein Vater, also weit über dreißig, fragte den alten Mann: »Vater, wo hast du das Mädchen her?« Der sagte: »Ich hab sie vom Basar mitgebracht.« Diese Antwort schien dem Sohn nicht zu genügen, denn er ließ nicht locker: »Nur weil unsere Mutter gestorben ist, kannst du doch nicht einfach eine fremde Frau mit nach Hause bringen!« Sie fingen an, sich so heftig zu streiten, dass ich richtig Angst bekam. Dann nahm mich die älteste Schwiegertochter zur Seite und erkundigte sich nach meinem Namen. »Ich heiße Amila«, sagte ich ihr. »Wie bist du hierhergekommen, *Didi?*«, fragte sie. *Didi* bedeutet Schwester, und ich fühlte mich ihr durch diese nette Ansprache sofort ein Stückchen näher. »*Didi*, das weiß ich auch nicht so genau«, antwortete ich und erzählte ihr, wie unwohl ich mich in Gegenwart ihres Schwiegervaters fühlte. Nicht nur, weil er mindestens so alt war wie mein Großvater, sondern, weil seine Erscheinung und vor allem sein mit tiefen Furchen durchzogenes Gesicht mir Angst einflößten. »Die brauchst du nicht haben, ich werde auf dich aufpassen«, versuchte sie mich zu beruhigen.

Fortan wich sie nicht mehr von meiner Seite, bis sie eines Tages auf den Basar gehen musste, um etwas zu besorgen. Sie brachte mich zusammen mit ihren Kindern in die Küche und bat mich, diese nicht zu verlassen, bis sie zurück sei. Kaum war sie fort, rief auch schon der Alte von draußen: »Amila, mach mir einen *Chai!*« Ich antwortete nicht und schloss schnell die Küchentür ab. Kurze Zeit später stand er davor und brüllte: »Mach sofort auf!« Ich fürchtete mich und blieb mit den Kindern in der Küche. Er trommelte und brüllte weiter: »Mach auf, du bist meine Frau!« Völlig überrascht und erfüllt von Angst rief ich: »Nein, niemals!« Meine Stimme zitterte. Die Kinder weinten. Er trommelte weiter. Auf einmal hörte ich einen seiner Söhne rufen. »Du bist verrückt geworden, Vater. Sie könnte deine Enkeltochter sein, lass sie in Frieden!« Dann gab es ein dumpfes Geräusch und es war still.

Einen Augenblick später klopfte *Didi* an die Tür. Sie versicherte mir, dass der Alte weg sei. Ich öffnete ihr, sie nahm ihre Kinder in den Arm und fragte mich, was passiert war. Ich erzählte ihr, dass ihr Schwiegervater gesagt hätte, ich sei seine Frau. Sie konnte es nicht glauben. Energisch ging sie zu ihrem Mann, der wieder mit dem Alten diskutierte, und berichtete ihm, was ich ihr eben erzählt hatte. Das erzürnte ihren Mann so sehr, dass er seinen Vater sofort aufforderte: »Wo auch immer du das Mädchen herhast, bring sie wieder zurück oder wir reißen dich in Stücke!« Der Alte packte mich daraufhin am Arm und zerrte mich in sein Auto. So Hals über Kopf, dass weder *Didi* noch ihr Mann mit einsteigen konnten. Letzterer klopfte noch gegen die Autoscheibe. Doch sein Vater gab Gas und fuhr davon.

Ich hatte solche Angst. Sie wurde noch größer, als der Alte seine linke Hand vom Lenker nahm und auf mein Knie legte. Als er sie langsam zwischen meine Beine schob, riss ich die Tür auf, sprang aus dem fahrenden Auto und rannte los, so schnell ich konnte. Ich war überrascht, wie mutig ich war und wie weit mich meine bloßen, zerschundenen Füße tragen konnten.

Der Greis blieb im Auto sitzen und fuhr die Straße entlang. Ich rannte querfeldein und machte erst halt, als ich ihn nicht mehr sehen konnte. Dann atmete ich tief durch und erkannte das Haus von Moti. Während der Alte auf der Straße einen großen Umweg fahren musste, hatte ich den Weg zu Motis Haus durch die Felder abgekürzt. Ich hätte nie gedacht, dass ich mich jemals darüber freuen würde, ihr Haus zu sehen. Von dort hatte ich es nicht mehr weit zu Sanyas Haus, wo ich schließlich völlig erschöpft ankam und Sanya mich wie immer freundlich empfing.

Anschließend brachte sie mich zu ihrer Schwester. Die war überrascht, mich zu sehen, und wollte wissen, was passiert war. Ich stotterte vor mich hin, weil ich Angst vor ihrem *Lathi* hatte. Noch bevor ich etwas herausbrachte, sahen wir das Auto des Alten heranfahren. Da Moti nach wie vor nicht wusste, was geschehen war, versteckte sie mich in der Küche. Von dort aus konnte ich – wie beim ersten Besuch des Greises – das Gespräch belauschen. Doch diesmal fürchtete ich mich. Ich hatte Angst, entdeckt und

42

wieder mitgenommen zu werden. Und was mich dann erwarten würde, wollte ich mir besser nicht vorstellen. Trotzdem versuchte ich, ruhig zu bleiben.

Der alte Mann polterte in Motis Haus und schrie sie an: »Gib mir sofort mein Geld zurück!« Statt darauf einzugehen, wollte sie wissen, was vorgefallen war. »Ich wusste doch gleich, dass sie *haram* ist«, knurrte der Alte. Dann erzählte er ihr, dass ich erst seine Familie gegen ihn aufgehetzt hätte und dann weggelaufen sei. »Wenn du nicht in der Lage bist, deine Frau bei dir zu halten, ist das dein Problem«, entgegnete ihm Moti eiskalt. Doch der Greis ließ nicht locker und redete immer wieder von 30 000 indischen Rupien*. Es dauerte einen Augenblick, bis ich realisierte, dass Moti mich an ihn verkauft hatte, denn sie redeten über mich, wie über eine Ware auf dem Basar. Der alte Mann gab sich erst zufrieden, als Moti ihm 20 000 Rupien in die Hand drückte.

Ihren Ärger über das missglückte Geschäft ließ sie an mir aus. Mehrere Tage musste ich die harten Schläge mit dem *Lathi* ertragen. Bis der Tag kam, an dem Abdul Moti aufsuchte, um mich als Braut für seinen Sohn Akthar zu kaufen. Moti verschwieg ihm meine Vorgeschichte und befahl auch mir unter Androhung weiterer Schläge, zu schweigen. Denn eine schon mal verheiratete Frau gilt als benutzt und unrein, bläute sie mir ein. Ich solle froh sein, dass sie mich noch mal verheiraten könne. »Du bist sowieso

---

* 30 000 Rupien entsprechen heute etwa 400 Euro.

nichts wert«, sagte sie mir zum Abschied. »Also halt lieber den Mund, das ist besser für dich! Vergiss das niemals!« Und diese Worte werde ich tatsächlich nie vergessen. Genauso wenig, wie ihre erbarmungslosen Schläge mit dem *Lathi*.

2

»Du gehörst ihm!«

Die Feldarbeit wird manchmal auch von Männern erledigt

Nach der Hochzeit mit Akthar versuchte ich, möglichst viel Zeit mit seiner Mutter Kamla zu verbringen. Sie war eine gutmütige Frau und hatte ein sanftes, freundliches Wesen. Ich mochte sie sehr gern. Immer wenn wir uns sahen, schob sie sich zur Begrüßung die *Ghunghat* etwas aus dem Gesicht, aber nur so weit, bis ein paar silberne Haarsträhnen herausblitzten. Dann streichelte sie mit ihren faltigen, dunklen Händen sachte über meinen Schleier, wobei meine langen schwarzen Haare etwas zum Vorschein kamen. Es war ein liebevolles Ritual, und ich fühlte mich gleich behaglich bei ihr. Jedes Mal schaute ich ihr dabei in ihre dunkelbraunen Augen. Sie waren wunderschön. Ich verlor mich so gerne darin. Doch leider sahen wir uns nicht oft, da sie viel mit ihrem Mann, meinem Schwiegervater Abdul, im Dorf unterwegs war und zu Veranstaltungen ging. All die Neuigkeiten, die sie dabei erfuhr, erzählte sie mir später. Einerseits freute es mich, dass sie mir von ihren Erlebnissen berichtete, andererseits fand ich es schade, weil ich sie gerne viel öfter um mich gehabt hätte.

So wohl wie in ihrer Gegenwart, fühlte ich mich sonst nirgends und mit niemandem in Alwar. Vor allem nicht mit ihrem Sohn Akthar, meinem Mann.

Ganz im Gegenteil, ich hatte unheimliche Angst vor ihm. Er schlug mich zwar nicht wie Moti mit einem *Lathi,* aber dafür zwang er mich immer und immer wieder, mit ihm zu schlafen.

Beim ersten Mal war ich erst elf Jahre alt. Als er auf einmal meine Brüste berührte, war ich irritiert und wusste nicht, was mit mir geschah. Ich war völlig überfordert und fühlte mich schmutzig, als er sie mit der einen Hand fest anpackte, mit der anderen zwischen meine Beine griff und anschließend mit seinem harten Glied in mich eindrang.

Ich dachte, ich sterbe. Es war so schmerzhaft und blutete unaufhörlich. Ich wusste erst gar nicht, wo das Blut genau herkam. Und wann es stoppen würde. Doch Akthar machte weiter. Nicht nur in dieser, unserer Hochzeitsnacht, fiel er über mich her, sondern danach regelmäßig jeden zweiten oder dritten Tag. Meine Bedürfnisse waren ihm dabei völlig egal. Es kümmerte ihn absolut nicht, wie es mir ging, was ich fühlte und ob er mir wehtat. Einmal habe ich versucht, mich gegen seine Vergewaltigungen zu wehren.

Doch er hielt mich brutal fest und beschimpfte mich. »Ich hab viel Geld für dich gezahlt, *Paro«,* schrie er. »Also machst du auch gefälligst das, was ich will, und ich mache mit dir, was mir gefällt!« Und genau so war es. Akthar verschonte mich nicht. »Du bist mit mir verheiratet, *Paro«,* brüllte er weiter. »Du gehörst mir und ich kann so oft Sex mit dir haben, wie ich will.« Ich war der Gewalt meines Ehemannes hilflos ausgeliefert. Ich weinte viel. Tage-, ja wochenlang. Akthar war es egal, ob ich heulte oder nicht, wie alles, was mit mir passierte. Ihn interessierte es auch nicht, dass ich unheimliche Angst vor ihm und seinen Vergewaltigungen hatte.

Ich reagierte panisch und bekam hohes Fieber. Kamla brachte mir Medikamente und besuchte mich alle drei Tage. Doch meine Angst hörte nicht auf, das Fieber stieg immer weiter. Es war so schlimm, dass ich ins Krankenhaus in die Stadt musste. Eine Woche lang hing ich dort am Tropf. Dann ging es mir etwas besser, aber ich war immer noch sehr schwach. Der Doktor wollte deshalb, dass ich erst einmal bei meiner Schwiegermutter bleibe, damit sich jemand um mich kümmerte. Kamla war so liebevoll zu mir. Selbst meine eigene Mutter hat mich nie so fürsorglich behandelt. *Chai,* den ich nicht besonders gern mag, musste ich bei Kamla nicht trinken. Aber Flüssigkeit sollte ich zu mir nehmen, sagte sie. Also gab sie mir viel Wasser.

Außerdem kochte sie mir ganz oft meine Lieblingsspeise *Kheer,* einen warmen süßen Brei aus Reis und Milch. Ich ließ ihn ganz langsam auf der Zunge zergehen, bevor ich ihn schluckte und er meinen Magen angenehm wärmte. Manchmal mischte sie Kardamom, Cashewnüsse und Mandeln hinein. Das schmeckte mir besonders gut. Einmal verfeinerte sie ihn sogar mit ein bisschen Safran. Ich werde nie vergessen, wie wundervoll mir das mundete.

Trotzdem dauerte es Wochen, bis ich wieder zu Kräften kam. Nach etwa einem Monat war ich so weit genesen, dass ich wieder zu Akthar zurückmusste. Ich hatte keine Wahl. Wenn du einen Ehemann hast, musst du bei ihm wohnen, hatte mir Kamla erklärt, da gibt es keinen Ausweg. Als ich wieder bei meinem Mann war, hatte ich zwar kein Fieber mehr, aber dafür war ich sehr müde und musste mich immer wieder übergeben. Statt abzunehmen, nahm ich zu, vor allem am Bauch. Mein Körper veränderte sich und Kamla sagte bei ihrem nächsten Besuch: »Du bekommst ein Kind und ich werde Großmutter.« Ich? Ein Kind? Ich war doch selbst noch eins. Gerade mal zwölf Jahre alt, und schon sollte ich Mutter sein?

Aufgrund dieser Neuigkeit bekamen wir Besuch von Akthars Familie. Worüber ich mich nicht freute. Ich hatte sie zuvor zwar erst einmal gesehen, vor knapp einem Jahr, als ich auch Akthar das erste Mal begegnet war, aber damals war keiner von ihnen nett zu mir gewesen. Dieses Mal behandelten mich vor allem Akthars Bruder und seine Schwester wieder sehr herablassend. Mein Schwager, der im gleichen Dorf lebt wie wir, ist noch größer als Akthar und stinkt noch mehr als er. Kein Wunder, denn ich bin noch nie jemandem begegnet, der so viel raucht wie mein Schwager. Ich habe ihn noch nie ohne eine Zigarette zwischen seinen langen vergilbten Fingern gesehen. Auch meine Schwägerin, seine Nachbarin, hat etwas Seltsames an sich. Erst wusste ich nicht genau, was es war, doch dann bemerkte ich, dass es an ihrer *Ghung-hat* lag, die sich immer leicht in ihrem Gesicht bewegte. Als ich sie genauer betrachtete, erkannte ich, dass eines ihrer Augenlider in regelmäßigen Abständen zuckte. »Starr mich nicht so an!«, kreischte sie auf einmal und gab mir eine Ohrfeige. Ich hatte ihre Schwäche entdeckt, und das gefiel ihr anscheinend nicht.

»Weißt du eigentlich, warum du zu unserer Familie gehörst?«, fragte sie mich anschließend, um mich wieder zu erniedrigen. Ich schaute sie fragend an. »Das ist billiger, als wenn mein Bruder sich eine Arbeitskraft geholt hätte«, erklärte sie mir höhnisch. Und dann rechnete mein Schwager es mir vor: Eine Braut kostet zwischen 10 000 und 50 000 Rupien, je nachdem, wie alt sie ist und wie sie aussieht. Der Lohn für eine Arbeitskraft beträgt pro Saison, also für etwa drei Monate, mindestens 10 000 Rupien.

Eine *Paro*, eine gekaufte Frau, rentiere sich also schon nach drei Monaten, und Kinder bekommen könne sie auch noch. »So, wie du jetzt, und du hast zudem grade mal 10 000 Rupien gekostet, aber mehr bist du ja auch nicht wert«, fügte meine Schwägerin geringschätzig hinzu. Dann spuckte sie mir ins Gesicht, ließ ihren Metallbecher fallen und befahl mir, ihn aufzuheben. Als ich mich danach bückte, trat sie mir von der Seite in den Bauch. »Wo bleibt mein *Chai*?«, fragte sie schnippisch. »Für vier von dir würde ich einen Büffel bekommen«, rechnete mir mein Schwager weiter vor, »und noch viel mehr Kühe!« Beide lachten. Ich fühlte mich gedemütigt, aber ich musste sie trotzdem mit *Chai* und Keksen versorgen.

In meinem Kopf drehten sich die Zahlen, die mein

Schwager mir vorgerechnet hatte. Weil alles so schnell gegangen war und ich ohnehin nicht richtig rechnen kann, hatte ich ihm nicht folgen können. Aber ich verstand nun, was Akthar meinte, wenn er mich *Paro* nannte. Er hatte mich als Braut gekauft, und obwohl ich ihn viel Geld gekostet haben muss, war ich doch um einiges billiger als ein Büffel oder eine Kuh. Das war kein schöner Gedanke. Doch mein seelischer Schmerz wurde übertüncht von dem in meinem Bauch. Und ich war besorgt, dass mein Kind durch den Tritt meiner Schwägerin verletzt worden sein könnte. Deswegen hielt ich die Hand schützend vor den Bauch, als ich Akthars Geschwistern den *Chai* brachte. Zum Glück waren sie mit Keksessen beschäftigt, sodass sie mich in Ruhe ließen.

Ein paar Wochen später brachte ich mein erstes Kind zur Welt: Kalil. Er war gesund, aber schwach und brauchte meine ganze Fürsorge. Zuerst wusste ich gar nicht, wie ich mit ihm umgehen soll. Doch das lernte ich schnell. Auch wenn es beim eigenen Kind etwas ganz anderes ist, halfen mir doch meine Erfahrungen, die ich bei meinen jüngeren Geschwistern und bei den Kindern von Sanya gemacht hatte.

Wenn Kalil anfing zu schreien, wurde Akthar aggressiv, dann nahm ich den Kleinen auf den Arm und drückte ihn ganz fest an die Brust, sodass er zur Beruhigung meinen Herzschlag hören konnte. Wir entwickelten ein sehr inniges und besonderes Verhältnis. Als ob ich das geahnt hätte bei seiner Namensgebung. Auch wenn sich Akthar darüber keine Gedanken gemacht hatte, war mir die Bedeutung des Namens unseres Sohnes sehr wichtig gewesen. Deshalb nannte ich ihn Kalil, was »guter Freund« heißt. Nach einem solchen hatte ich mich so sehr gesehnt, und das ist Kalil auch für mich. Wir teilen uns selbst heute noch ein Bett. Inzwischen ist er zwölf Jahre, so alt wie ich war, als ich ihn bekam, und leider ist er auch fast so verstört, wie ich es damals war.

Immer wenn Akthar aufbrausend wurde, erzählte ich Kalil Geschichten aus meiner eigenen Kindheit, um ihn zu beruhigen. Vielleicht tat ich das aber auch, um mich selbst aufzuheitern, denn Kalil konnte sie als Säugling ja noch gar nicht verstehen. Ich erzählte ihm dann, wie ich früher zusammen mit meinen Freundinnen auf den Berg, an dessen Fuße wir wohnten, hinaufgeklettert war. Entweder um Drachen steigen zu lassen oder um in dem rosa Hindu-Tempel zu spielen, der auf dem Gipfel neben der Moschee stand. Nach jedem Besuch des Tempels band uns der Priester rote dünne Bändchen um unser Handgelenk, die uns beschützen sollten, egal ob wir Hindus waren oder nicht.

Manchmal brachten wir Blumen für den Tempel mit. Im Gegenzug dafür bekamen wir vom Priester kleine weiße, sehr süße Bonbons mit rauer Oberfläche, die er zuvor am Altar gesegnet hatte. Er erklärte uns, dass dies eine Form der Opfergabe sei. Im Hinduismus heißt die reine und geheiligte Nahrung *Prasad* und soll eine friedensgebende Wirkung haben. Dabei geht es nicht darum, was und wie viel man gibt oder bekommt. Gott ist über die kleinsten Opfer erfreut. Deswegen sagte der Priester, auch wenn wir mit nur einer Blume kamen: »Ich nehme sie gerne an, weil ihr sie mit einem liebenden Herzen schenkt.« Ja, wie sehr sehnte ich mich nach einem liebenden Herzen.

Akthar hatte es nicht, vielleicht Kamla, so liebevoll, wie sie mit mir umging. Aber meins war gebrochen und verzehrte sich nach meiner Heimat Assam, die ich nicht vergessen konnte, und nach meiner Familie und meinen Freundinnen dort. In diesem Moment erinnerte ich mich an die Erzählungen meiner Jugendfreundin Omissa.

Ich hatte sie einmal gefragt, warum sie sich als Hindu kein *Bindi* zwischen die Augenbrauen gemalt oder aufgeklebt habe. Für die Hindus symbolisiert dieser rote Punkt das dritte Auge, das für sie der direkte Weg zum Herzen ist. Omissa hatte mir daraufhin erklärt, dass im Hinduismus nur verheiratete Frauen ein *Bindi* tragen. Und da sie das nicht war, hatte sie auch keins. Aber inzwischen malen sich sogar einige Männer oder auch Nichthindus den roten Punkt als Glücksbringer oder als Schmuck auf die Stirn.

Omissa erklärte mir auch viel über die Kleidung von Hindus: Die Frauen tragen meist *Saris* aus Baumwolle oder – bei reichen Hindus – auch aus Seide. Sie bestehen aus einem extrem langen Tuch, das nirgendwo festgenäht ist. Am unteren Ende befindet sich meist eine Borte in einer anderen Farbe. Omissa zeigte mir einmal, wie ein *Sari* gebunden und getragen wird: Erst werden ein Unterrock und eine

Choli, eine bauchfreie feste Bluse, angezogen. Diese wird vorne zugeknöpft und ist rückenfrei. Den Hauptteil des *Saris* wickeln die Frauen sich um den Körper. »Als ich den *Sari* zum ersten Mal anlegte«, gestand mir Omissa damals, »war es gar nicht so einfach, den Stoff an die richtige Stelle zu bekommen, und ich musste viel üben.« Genauso war es mir mit der *Ghunghat* in Alwar ergangen. Beim Binden eines *Saris,* gibt es zwei entscheidende Stellen, den *Paluv,* das Schulterstück, das meist mit einem schöneren Muster verziert ist, und die Borte am unteren Ende, die eine andere Farbe hat. In Assam wird diese nach hinten gebunden. Doch auf der Fahrt nach Alwar hatte ich gesehen, dass die Frauen hier die Borte vorne am *Sari* tragen.

Das traditionelle Gewand der Hindu-Männer ist der *Dhoti,* ebenfalls ein langes Stück Stoff aus Baumwolle. Der *Dhoti* wird an der Hüfte zusammengeknotet und dann um die Beine gewunden. »Mahatma Gandhi hatte immer eine *Dhoti* an«, sagte Omissa. Damals wusste ich nicht, wer Gandhi war. Sie erklärte es mir: Sein Gesicht ist auf allen unseren Geldscheinen zu sehen, und er war im Alter von achtundsiebzig Jahren von einem fanatischen Hindu erschossen worden, dem es nicht gefiel, dass Gandhi nicht nur die Unabhängigkeit von Großbritannien erreichen, sondern auch Hindus und Muslime miteinander versöhnen wollte.

Da erinnerte ich mich an eine Geschichte, die mir mein Vater einmal erzählt hatte. Das war nur selten vorgekommen, weswegen ich ihm sehr aufmerksam zugehört hatte. Bei der Geschichte ging es um das friedliche Zusammenleben von Religionen, und sie hatte sich vor vielen, vielen Jahren ereignet, nämlich, als die Perser nach Indien kamen. Damals lebten schon sehr viele Menschen auf dem Subkontinent. Als Zeichen dafür schickte der indische König den Persern eine volle Schüssel mit Milch. Die Perser sandten ihm diese genauso voll wieder zurück. Der König trank von der Milch und sagte daraufhin zum persischen Boten: »Ihr seid willkommen!«

Ich fragte meinen Vater, wieso der König so gehandelt hatte, wenn doch schon so viele Leute in Indien lebten. »Weil die Perser nichts von der Milch getrunken, sondern sie mit etwas Zucker versehen haben«, antwortete mein Vater und erklärte mir, was das bedeutete: Die Perser kamen in Frieden. Wenn sie von der Milch, dem Symbol für die Bevölkerung, getrunken hätten, hätte das bedeutet, sie wollten dem indischen König etwas wegnehmen, also Land erobern. Doch sie tranken nicht davon, sondern gaben etwas Gutes hinzu. Und das war der Zucker, das Symbol ihrer Stärke.

Es war eine schöne Geschichte, auch wenn sie nicht ganz zu meiner jetzigen Situation in Alwar passte, weil es darin vor allem um das Zusammenleben von Hindus und Muslimen ging und nicht darum, welche Sitten und Gebräuche in den jeweiligen indischen Landesteilen üblich sind. Mein Vater hatte sie mir damals erzählt, weil er meinte, in Assam sei es so ähnlich gewesen, als viele Muslime, wie unsere Familie, in die stark von Hindus geprägte Region kamen.

Aber diese Erzählung beschreibt auch das Nebeneinander von Menschen verschiedener Herkunft und ihrer Fähigkeit, sich anzupassen. Genau das wurde hier in Alwar von mir verlangt, vor allem als Frau.

Ich sollte also meine »Süße« in das verstaubte Alwar bringen. Das war gar nicht so leicht. Denn hier gibt es so viele komische Regeln, die mir Kamla geduldig erläuterte. Obwohl ich fünfmal am Tag bete, darf ich als Frau nicht in die Moschee, wie ich es von Assam gewohnt war, wo ich mir lediglich vor dem Betreten Hände und Füße waschen musste.

Vielleicht hing das auch damit zusammen, dass Frauen in Alwar das Haus nicht verlassen sollen. Es sei denn, sie sind schon sehr alt. Ich verstand das einfach nicht und fragte Kamla, warum das so ist. Sie erklärte mir, der normale Aufenthaltsort einer Frau sei das Haus. Dort soll sie sich um den Haushalt kümmern, für Sex zur Verfügung stehen und Kinder bekommen. Verließe eine Mutter nämlich alleine das Haus, würden sich die Leute im Dorf sofort fragen, ob ihr Kind oder ihre Kinder auch wirklich von ihrem Ehemann seien oder nicht doch von einem fremden Mann. Für mich ergab das keinen Sinn. Ich hatte niemals Kontakt mit anderen Männern, wie sollte ich dann ein Kind von einem bekommen? Frauen müssen auch deshalb zu Hause bleiben, erklärte mir Kamla, weil alles, was draußen zu erledigen ist, sowieso die Männer machen. Sie entscheiden alles für die Frauen.

Auch ob sie außerhalb arbeiten dürfen. Dies sei ihnen aber nur in Begleitung und mit bedecktem Gesicht gestattet. Körper- und Blickkontakt mit anderen Männern sei dabei strengstens untersagt. Denn sobald eine Frau einen anderen Mann anschaue, könne das als Aufforderung zum Sex aufgefasst werden.

In Assam ist das alles ganz anders. Dort können Männer und Frauen sich frei bewegen und auch Händchen haltend die Straße entlanggehen, selbst wenn sie nicht verwandt sind. In den dortigen Hindu-Tempeln habe ich Skulpturen von eng umschlungenen Männern und Frauen gesehen. Nur Küssen in der Öffentlichkeit wird auch in Assam nicht gern gesehen. Hier in Alwar wäre das ein Skandal. Ein Fall für das *Panchayat,* das von der Dorfgemeinschaft gewählte Dorfgericht. Wortwörtlich übersetzt bedeutet es die Versammlung von fünf weisen und geachteten alten Männern.

Zusammengerufen wird das *Panchayat,* um wichtige Angelegenheiten zu besprechen und zu schlichten: von Familienstreitigkeiten über religiöse Dinge bis hin zum Fehlverhalten Einzelner oder Vergewaltigungen. Die *Panchayats* haben dabei ihre eigenen Regeln und setzen sich manchmal auch über die offiziellen Gesetze und die Anordnungen der Polizei hinweg. Bei den Versammlungen sind nur Männer erlaubt. Deshalb hört Kamla immer sehr aufmerksam zu, wenn ihr Abdul vom Dorfgericht berichtet. Sie hat mir gesagt, dass die dort gefällten Entscheidungen meist zum Nachteil der Frauen ausfielen.

Manchmal kommt es sogar vor, dass das *Panchayat* Vergewaltigungen als Bestrafung für Frauen verordnet. Das ist furchtbar. Aber dem Dorfgericht in meiner Heimat habe ich es zu verdanken, dass ich noch Kontakt zu meiner Familie habe. Denn es unterstützte meinen Vater bei der Suche nach mir, die Jahre dauerte.

Als mein Vater an jenem Tag, als mich Moti zu dem angeblichen Ausflug nach Neu-Delhi mitnahm, abends nach Hause kam, fragte er, wo ich abgeblieben sei. Meine Mutter wollte es ihm zuerst nicht sagen. Doch als er darauf bestand, erzählte sie ihm, dass Moti angeboten hatte, mich mit nach Neu-Delhi zu nehmen, um mich dort in der Nähe einem jungen Mann vorzustellen, der vier oder fünf Büffel hätte und gut für mich sorgen könnte. Da ich damals erst neun Jahre alt war und mich nicht für Männer interessierte, hätten die beiden Frauen mir gesagt, Moti nähme mich mit zu einem Ausflug in die Hauptstadt. Und nach ein paar Wochen, so war vereinbart, werde sie mich wieder nach Assam zurückbringen und dann soll die ganze Familie gemeinsam über meine Zukunft entscheiden.

Mein Vater war zwar verärgert, dass Zahra ihn nicht in diesen Plan eingeweiht hatte, ließ es aber dabei bewenden. Doch als ich nach einem halben Jahr immer noch nicht zurückgekehrt war, machte er sich große Sorgen um mich und sagte zu meiner Mutter: »Hoffentlich ist Amila nicht im Bordell gelandet.« Daraufhin fing sie an zu weinen. »Zahra, ich möchte, dass du mir jetzt genau erzählst, was du und Moti damals wegen Amila miteinander besprochen habt«, forderte er meine Mutter auf. Aber sie schwieg. Dann sagte er: »Ich weiß, du redest nicht gern, aber du glaubst doch nicht etwa, dass ich meine Tochter einfach so aufgebe. Ich werde versuchen herauszufinden, wo sie sich jetzt aufhält.« Und das tat er auch.

Während meine Mutter nächtelang weinte, machte sich mein Vater auf die Suche nach mir. Das war aber gar nicht so leicht und ging nicht so schnell, wie er erst dachte. Denn Moti, die früher im Nachbardorf gewohnt hatte, war auf einmal wie vom Erdboden verschluckt.

Also suchte mein Vater nach Bekannten von Moti, um von ihnen deren Aufenthaltsort zu erfahren. Doch alle, die er erreichen konnte, sagten immer nur, sie wüssten nicht, wo Moti jetzt lebe, und sie würden sich an nichts mehr erinnern. Nach fünf Jahren erfolgloser Suche war mein Vater so verzweifelt, dass er zum *Panchayat* ging. Dieses beschloss, dass jeder, der etwas über Moti oder mich weiß, dies meinem Vater mitzuteilen habe. Und so erfuhr er schließlich die Telefonnummer von Motis Mann.

Mein Vater rief ihn an und Motis Mann sagte: »Wir haben deine Tochter schon vor einigen Jahren in einen Zug zurück nach Assam gesetzt.« Das wollte und konnte mein Vater nicht glauben. Er fragte ihn, wann und wo sie mich das letzte Mal gesehen hätten und in welchem Ort sie nun lebten. Motis Mann wollte es ihm zuerst nicht sagen, doch wahrscheinlich, um sich nicht noch mehr Ärger einzuhandeln, erklärte er meinem Vater schließlich, sie wohnten in der Stadt Alwar im Bundesstaat Rajasthan, etwa zweitausend Kilometer von Assam entfernt. Einerseits froh, endlich Motis Aufenthaltsort erfahren zu haben, aber auch äußerst verärgert über die Lügengeschichten, machte mein Vater sich auf den Weg dorthin.

Zwei Tage später erreichte er die Stadt Alwar und traf Moti und ihren Mann. Doch die fette Frau tat absolut ahnungslos und behauptete, sie würde nicht wissen, wo ich mich inzwischen aufhalte und was mit mir passiert sei. Auf Drängen meines Vaters und schließlich auch ihres Mannes nannte sie endlich den Namen des Dorfes, in dem ich lebte. Doch dann log sie weiter. Sie erzählte meinem Vater, dass es keine richtigen Straßen dorthin gebe, weil der Ort mitten in der Wildnis liege und er deswegen laufen müsse. Das stimmte natürlich nicht. Sie wollte damit nur Zeit gewinnen. Denn sie war sich sicher, dass mein Vater, nachdem er die fünfundzwanzig Kilometer lange Strecke von Alwar zu meinem Dorf in der Hitze zu Fuß zurückgelegt haben würde, zu erschöpft wäre, um sofort wieder zurückzugehen und sie zur Rechenschaft zu ziehen. Obwohl er das, nachdem er die Wahrheit erfahren hatte, wahrscheinlich am liebsten gemacht hätte.

Vor meinem Vater lag ein langer Weg. Mit dem Sammeltaxi dauert es über zwei Stunden von der Stadt zu mir, und zu Fuß mehr als doppelt so lang. Mein Vater wanderte entlang der weiten Felder, auf denen es nur ein paar Sträucher und Strommasten gab. Immerhin konnte er sich anhand der Masten von einem zum nächsten Dorf orientieren. Ihm begegneten weder Autos noch Rikschas oder Fahrräder. Nur manchmal kam ein Holzkarren vorbei, vor den ein Kamel oder Esel gespannt war. Aber die Fuhrwerke waren bis oben hin mit Gras beladen, sodass mein Vater keinen Platz zum Mitfahren fand. Zudem wäre er damit nicht wesentlich schneller gewesen als zu Fuß. Er war fest entschlossen, auf jeden Fall vor Einbruch der Dunkelheit mein Dorf zu erreichen.

Hin und wieder sah er Ziegen und Büffel. Am Wegesrand sah er eine Frauengruppe, die Gras zu großen Bündeln schnürte. Die Frauen hatten *Gopal,* Fladen aus Büffelkot, gesammelt und vor sich zum Trocknen hingelegt. Da sie nicht mit meinem Vater reden durften, konnten sie ihm seine Fragen nach dem Weg nicht beantworten. Stattdessen packten sie das Holz und die Gräser auf ihre Häupter und trugen es weg. Die Sonne brannte unbarmherzig. Auch auf meinen Vater. Nirgends fand er Wasser zum Trinken, weshalb er nach etwa vier Stunden völlig erschöpft und eingestaubt zusammenbrach. Er kniete im Sand und rief meinen Namen: »Amila, Amila – meine Tochter, wo bist du?« Daraufhin kam ihm ein Mann zu Hilfe und sagte zu ihm: »Amila ist meine Schwiegertochter.« Es war Abdul. »Ich bringe dich sofort zu ihr!«, erklärte er meinem Vater und half ihm auf.

Bei uns angekommen, traf er auf meine Schwiegermutter, die mir bei meiner zweiten Schwangerschaft beistehen wollte. Mein Vater sah sie mit suchenden Augen an und fragte sie, wo ich sei. Kamla antwortete: »Amila liegt im Bett, ihr geht es nicht so gut.« Ich hatte die Stimme meines Vaters erkannt und schleppte mich zur Tür. Dann fielen wir uns in die Arme. »Du bist hier«, sagte mein Vater, »so weit weg …« Doch ich unterbrach ihn: »Lass uns nicht drüber sprechen, Papa«, schluchzte ich. »Ich kann nur weinen.« Dann fing auch er damit an und wir umklammerten uns. Ich wollte ihn nicht mehr loslassen. Nie wieder.

Akthar erschien mit Kalil auf dem Arm, übergab ihn Kamla und begrüßte meinen Vater. Die beiden Männer sahen sich intensiv an. Kamla begleitete mich zurück ins Bett. Akthar und mein Vater setzten sich vors Haus. Dann erzählte er meinem Vater, was der sich ohnehin schon denken konnte, dass ich nun mit ihm verheiratet sei, wir einen Sohn hatten und ich das zweite Kind erwartete, weswegen ich auch so geschwächt sei und sehr viel Zeit im Bett verbringen müsse.

Am nächsten Tag war mein Vater wieder etwas gestärkt, setzte sich zu mir ans Bett und berichtete mir, wie er während der letzten fünf Jahre versucht hatte, mich zu finden. Aber er sagte auch, dass er sich auch sehr darüber freue, dass ich nun verheiratet sei. Trotzdem mache er sich Sorgen, mich so schwach zu sehen, und fragte mich, ob er mir etwas Gutes tun könne. »Ja«, antwortete ich, nahm sanft seine Hand und flehte: »Nimm mich mit zurück nach Assam!« Irritiert sah er mich an. »Du bist doch hier gut aufgehoben, oder nicht?«, fragte er mich unvermittelt. Ich schwieg. »Aber ich kann verstehen, dass du deine Heimat vermisst«, sagte er dann. »Lass mich sehen, was ich tun kann.«

Mein Vater blieb eine Woche bei uns. Akthar beantwortete ihm viele Fragen und erzählte ihm alles über Alwar und die Menschen hier. Über Assam hingegen wollte Akthar nichts wissen. Also thematisierte mein Vater eines Tages meinen Wunsch, mich mit nach Assam zu nehmen, indem er diesen als seinen ausgab: »Natürlich nur für einen Besuch«, versicherte er Akthar. Doch der war skeptisch. Was sollten die Leute im Dorf denken, wenn seine Frau so lange weg war? Wer kümmerte sich um die Arbeit? Um Kalil? Das Haus? Wer bezahlte die Reise? Meinen Schwiegereltern war Akthars Verhalten sehr unangenehm, weshalb sie sich einschalteten.

»Das Wichtigste ist, dass es Amila gut geht«, sagte Abdul. »Außerdem ist sie so geschwächt, dass sie derzeit ohnehin nicht arbeiten kann, und mit noch größerem Babybauch wird sich das nicht ändern«, versuchte mein Vater Akthar zu überzeugen. »Und um Kalil kümmere ich mich gerne«, fügte Kamla hinzu. Schließlich willigte Akthar ein. Unter einer Bedingung: dass ich unmittelbar nach der Entbindung wieder nach Alwar zurückkehre. Mich begleiten wollte er selbst aber nicht. Worüber ich eher erfreut als betrübt war. Da mein Vater kein Gepäck dabeihatte und ich auch nichts mitnehmen durfte, konnten wir sofort abreisen. Außerdem sollten wir wegen der fortgeschrittenen Schwangerschaft nicht mehr allzu lange warten. Kamla strich mir zum Abschied, wie sonst zur Begrüßung, sachte über die *Ghunghat,* und mein Schwiegervater sagte: »Pass gut auf unsere Tochter auf, wir haben sie sehr lieb gewonnen.« Mein Vater wackelte bejahend mit dem Kopf und sagte zum Abschied: »*Salam Aleikum (Friede sei mit euch)!*« Meine Schwiegereltern erwiderten »*Aleikum Salam (Und Friede mit dir)!*« Akthar sagte nichts.

Mit dem Sammeltaxi ging es in die Stadt Alwar, von dort mit dem Bus zum Bahnhof in Neu-Delhi. Endlich sah ich wieder andere Menschen als nur die Bewohner meines Dorfes. Die Eindrücke prasselten nur so auf mich ein. Hindu-Frauen in bunten *Saris,* die mit ihrem dünnen Schleier auch ihr Gesicht vollständig bedeckten. Bunte Schriftzüge auf Bannern, Hauswänden und Fahrzeugen, die schön aussahen, die ich aber nicht lesen konnte. Ein Schriftzug tauchte am häufigsten auf und war stets besonders schön verziert: »*Horn please*«, was »bitte hupen« bedeutet, wie mir mein Vater auf meine Frage hin erklärte. Und das machten sie alle: Lastwagen, Autos, Motorräder und Rikschas. Zwischen den lang gezogen Signaltönen und ratternden Motoren hörte ich die schrillen Schreie der Straßenhändler. Sie hockten in ihren Schuppen am Straßenrand und verkauften Hemden, Handy-Aufladekabel, kleine Shampoo-Beutelchen und Chips mit *Masala*-Geschmack. Andere boten Bananen, Orangen, Tomaten und Zwiebeln an. Zwischen windschiefen Holzpfosten hatten sie Plastikplanen gespannt, manche sogar rostiges Wellblech, um sich und ihre Waren bestmöglich vor der brennenden Sonne zu schützen.

So interessant das alles auch war, es erschöpfte mich als Hochschwangere schnell. Auch die Zugfahrt war wieder sehr turbulent, aber immerhin nicht so qualvoll wie auf dem Hinweg. Nicht nur, weil mein Vater – kein Vergleich zu Moti – sehr fürsorglich war, sondern auch, weil ich wusste, dass es zurück nach Assam ging.

Ich konnte es kaum erwarten, nach fünf Jahren wieder unsere frische Luft zu atmen, das klare Wasser zu spüren und das leckere Essen dort zu kosten. Außerdem würde ich meine Familie und Freundinnen wiedersehen und von ihnen erfahren, was sich in der Zwischenzeit alles ereignet hatte. Da ich aber so ungeduldig war, löcherte ich meinen Vater schon auf der Zugfahrt mit meinen Fragen. In seiner Gegenwart fühlte ich mich wohl. Zwei Tage lang sprachen wir nahezu pausenlos miteinander. Gut, dass wir beide gerne reden. Er berichtete mir vieles von dem, was inzwischen zu Hause passiert war, wie es meinen Geschwistern ging und dass ich zwei neue Schwestern, Zwillinge, bekommen hatte.

Je näher wir Assam kamen, desto grüner wurde die Landschaft. Ich lehnte mich leicht gegen das Fenster des Zuges und ließ mir den Wind ins Gesicht wehen. Ich atmete tief ein und genoss den Geruch der Frische. Die Luft wurde feuchter. Hier gab es nicht nur Gras wie in Alwar, sondern eine ganz andere Vegetation, viel unterschiedliches Gemüse und sogar Palmen. Außerdem Teeplantagen und Reisfelder. An ihren Rändern grasten Kühe. Sie waren kleiner, aber schienen »glücklicher« auszusehen als die in Alwar. Genau wie die Menschen.

Glück – danach roch es und ich fühlte es, als ich die fruchtbare Gegend sah und das Wasser rauschen hörte. Es erinnerte mich daran, wie ich früher mit meinen Freundinnen am Fluss gespielt hatte. Ein Nachmittag ist mir dabei ganz besonders im Gedächtnis geblieben.

Wir blickten auf das Wasser und auf einmal entdeckten wir, wie sich etwas darin bewegte. Es war ein Tiger, der sich im Fluss abkühlte. Mananda und ich beobachteten ihn gebannt. Selbst als das Tier immer näher zu uns ans Ufer kam und nur noch ein paar Meter von uns entfernt war, konnten wir unsere Blicke nicht von ihm abwenden. Aswaa und Omissa hatten große Angst. Aber kaum hatte der Tiger das Ufer erreicht, verschwand er schnell zwischen dem hohen Gras und wir konnten sein weiß-schwarz-orange-gemustertes Fell nicht mehr von den Gräsern unterscheiden. Am liebsten hätte ich Aswaa und Omissa erschreckt und ein Tigerbrüllen imitiert. Doch mein Vater hatte mir eingeschärft, dass ich mich in der Nähe eines Tigers immer ruhig verhalten und keinen Mucks von mir geben soll. Also tat ich das auch. Denn gefressen werden wollte ich nicht.

Es war das erste und einzige Mal, dass ich einen Tiger gesehen habe. Seit diesem Moment war ich so fasziniert von der Raubkatze, dass ich immer, wenn wir zum Spielen zum Fluss gingen, um uns Häuser aus Schlamm zu bauen, nach einem Tiger Ausschau hielt. Insbesondere, wenn nach der Ernte das Gras kürzer war, hoffte ich, einen von ihnen zu entdecken. Manchmal war ich von meiner Suche so abgelenkt, dass ich mit meinem Schlammhaus gar nicht vorwärtskam, während Somila die schönsten Häuser von uns allen anfertigte.

»Woran denkst du gerade?«, fragte mich mein Vater plötzlich. »An Tiger«, antwortete ich. »Hast du denn keine Angst vor ihnen?«, fragte er mich weiter. »Nein«, entgegnete ich entschieden. »Ich wusste doch schon immer, dass du mutig bist«, sagte mein Vater und erzählte mir mehr über die Tiere: dass sie Einzelgänger seien und Männchen und Weibchen nur kurz zur Paarung zusammenkämen. Das erinnerte mich irgendwie an Akthar und mich. Doch die Weibchen sind meist umgeben von ihren Jungen, sorgen sich um diese und lassen sie selbst dann nicht im Stich, wenn es um Leben oder Tod geht. Das beeindruckte mich sehr, und ich freute mich darüber, dass mein Vater so viel über meine Lieblingstiere wusste.

Nun waren wir fast da. »Palthan Bazar«, ertönte es aus den Lautsprechern am Bahnhof, und wir mussten aussteigen. Ich erkannte die Station wieder, es war die, zu der mich Moti damals mit einem Sammeltaxi gebracht hatte. In so eins stiegen wir nun auch. Aber es war längst nicht so überfüllt wie die Sammeltaxen in Alwar. Auch die Menschen sahen anders aus als in Rajasthan. Sie waren viel kleiner und heller. Männer und Frauen gingen nicht getrennt voneinander. Außerdem konnte ich allen ins Gesicht sehen, weil die Frauen ihres nicht verdeckten. Die *Ghunghat,* ach nein, hier hieß sie ja *Dupatta,* trugen sie locker über ihren Haaren. Einige Frauen fuhren sogar Motorroller, andere Fahrrad. Ich freute mich über den harmonischen Anblick.

Kurz darauf sah ich, wie sich der Brahmaputra direkt vor uns erstreckte. Weil er so breit war und es nur wenige Brücken über den Fluss gibt, auf denen sich der Verkehr immerzu staut, brauchten wir mehrere Stunden, bis wir ihn überquert hatten. Am anderen Ufer befinden sich zwei etwas größere Dörfer. Zwischen ihnen liegen die Schule und unser kleines Dorf. Wir fuhren links an der Schule vorbei und gelangten mithilfe einer schmalen Metallbrücke über einen kleinen Fluss. Am Ufer sammelten Männer saftigen grünen Wasserspinat ein.

Um ihn zu transportieren, hatten sie zwei große Körbe mit einem Bambusgestell versehen und an einer langen Stange aus Bambus oder Holz befestigt. Diese hoben sie sich auf die Schulter und gingen damit zum Markt. Dabei baumelten die mit dem großblättrigen Gemüse gefüllten Körbe nahe am Boden leicht hin und her. Es sah nach Arbeit aus, aber sie war sicherlich nicht so schlimm wie das Grasschneiden in Alwar.

Am Markt angekommen, stiegen wir vor dem kleinen Bäckerladen aus. Er fiel mir wie früher sofort

ins Auge, da er nach wie vor in meinen Lieblings-
farben bemalt war, auch wenn diese von der Sonne
schon stark ausgeblichen und hell geworden waren.
Die kleine Theke war violett und die Holztüren davor pink angestrichen. Mein Vater und ich gingen in
die erste kleine Schotterstraße rechts neben dem Laden und an den wenigen Häusern vorbei, von denen
ich jedes einzelne wiedererkannte. Dann stand ich vor
unserem Haus und sah als Erstes meine Mutter. Sie
wartete, bis ich zu ihr kam, schaute mich kurz an und
drückte mich vorsichtig an sich. Wie immer, ohne etwas zu sagen.

Als wir uns umarmten, schaute ich über ihre Schulter und erblickte zum ersten Mal die Zwillinge Reenu und Salma, die sich unheimlich ähnlich sahen.
Sie saßen auf dem Boden und spielten mit kleinen
Bambusstöckchen. Ich bückte mich zu ihnen herunter
und begrüßte sie. Sie antworteten nicht und schauten
mich nur verwirrt an. Ich wollte wissen, ob auch sie
das typische Muttermal unserer Familie hatten. Deshalb strich ich beiden ganz vorsichtig übers Ohr. In
ihren Ohrläppchen steckten bereits goldene Stecker,
obwohl sie gerade erst zu laufen gelernt hatten. Und
in der Tat: Beide hatten das Muttermal und sogar an
der gleichen Stelle.

In diesem Moment kamen meine anderen Schwestern Momina und Sobriya aus der Schule. Ihre langen schwarzen Haare und ihre goldenen Ohrstecker
funkelten in der Sonne, denn sie mussten ihr Gesicht
nicht mit einer *Dupatta* bedecken. Sie warfen ihre

Taschen in die Ecke, kamen sofort zu mir und drehten wild an meinen rotgoldenen Armreifen aus Plastik hin und her. Sie konnten gar nicht aufhören, sie zu bewundern und damit zu spielen. Dabei bemerkte ich, dass ihre Fingernägel mit *Mehndi*, rotbraunem Henna, bemalt waren. Zu besonderen Anlässen wird die Farbe, deren Trocknen mehrere Stunden dauern kann, ornamental auf Arme und Beine von Frauen aufgetragen. Doch im Alltag benutzen wir es, um unsere Nägel zu verzieren, ähnlich wie es meine Schwestern getan hatten. Beide waren deutlich größer geworden. Genau wie meine zwei Brüder Sahid und Ajmal. Letzterer hatte eine große Zahnlücke, die ihm aber nichts ausmachte. Anders als Momina, die damals, als ich Assam verließ, beim Sprechen immer versucht hatte, ihre Lücke zu verstecken, um nicht komisch auszusehen. Davon war heute keine Spur mehr.

Momina und Sobriya waren richtig hübsche Mädchen geworden. Sie strahlten Leichtigkeit aus, und mit eben dieser Leichtigkeit entführten sie mich nach draußen. Sie liefen unter dem in den Himmel ragenden Papayabaum zu den Palmen und pflückten mir ein paar ganz frische Bananen. Ich aß sie genüsslich. Wie sehr hatte ich die vermisst. In Alwar gibt es natürlich auch Bananen, wie fast überall in Indien. Aber in Assam sind sie kleiner, grüner und schmecken besonders köstlich. Es tat so gut, endlich wieder etwas so Wohlschmeckendes zu essen.

Ich fühlte mich zu Hause, aber ich war nicht glücklich mit meinem Aussehen. Deswegen sagte ich, dass ich von der langen Zugfahrt erschöpft sei und mich erst einmal erholen müsse. Doch das war nicht die ganze Wahrheit. Die Geburt meines ersten Kindes, die harte körperliche Arbeit und auch das ungesunde Essen in Alwar hatten Spuren auf meinem Körper hinterlassen. Die ständige Sonneneinstrahlung hatte meine Haut dunkler gefärbt und spröde werden lassen. Ich war hässlich geworden.

Dabei wollte ich wieder so hell, schön und wohlgenährt sein wie alle anderen in Assam. Also verließ ich das Haus mehrere Tage lang nicht, wusch mich ausgiebig mit Wasser, das es hier reichlich gab, rieb mich mit Kokosnussöl ein und genoss das leckere Essen, das ich vermisst und so lange nicht mehr gegessen hatte. Zum Glück war der Fastenmonat Ramadan gerade vorbei.

So oft es ging, verbrachte ich meine Zeit im Gemüsegarten. Was würde ich dafür geben, einen solchen Garten in Alwar zu haben, dachte ich. Aber wahrscheinlich würden diese Pflanzen dort gar nicht wachsen.

Hier in Assam gab es eine Vielfalt an Gemüse, von der die Menschen in Alwar nur träumen konnten: *Xaak,* grünes blättriges Gemüse, das ich am liebsten mag, wie auch den Wasserspinat, dessen Ernte wir am Tag unserer Ankunft mitbekommen hatten. Auf dem Markt hatte ich außerdem schon tiefdunkle violette Auberginen in unterschiedlichen Formen entdeckt: als Kugeln, lang und schmal und bauchig prall. Außerdem eine Kreuzung von Kürbis und Zucchini,

Radieschen, Blumenkohl, Karotten, große und kleine Tomaten, Bohnen, Gurken, Kohlrabi, Kohl und Salat.

Und ich hatte Glück: Es war *Jamun*-Zeit. Die traubenartige dunkelrot-violette Frucht, die in der Nähe von Flüssen wächst, hatte ich schon als Kind geliebt, weil das weißgraue Fleisch die Zunge so schön dunkelviolett färbt. Außerdem schmeckt sie süß, fruchtig und erfrischend zugleich.

Als ich sie nun wieder aß, war es, als würde ich wieder von meiner Kindheit kosten. Es war ein Geschmack des Glücks. Ich konnte nicht genug davon bekommen. Außerdem hatte ich das Gefühl, dass die typischen Dinge aus meiner Heimat nicht nur mir guttaten, sondern auch meinem ungeborenen Kind und es in Zukunft davon profitieren würde. Meine Schwestern versorgten mich gut mit den kleinen violetten Beeren. Wir naschten sie gemeinsam, streckten uns die verfärbten Zungen entgegen und lachten. Genau wie ich es früher mit meinen Freundinnen gemacht hatte. Ich konnte es kaum erwarten, sie wiederzusehen.

3

Ein Mädchen großzuziehen ist wie den Garten des Nachbarn zu gießen

Assam ist eine der pflanzenreichsten Regionen der Welt

Erst zwei Wochen nach meiner Ankunft in Assam traute ich mich, wieder das Haus zu verlassen und anderen Menschen unter die Augen zu treten. Meine Haut war inzwischen wieder etwas heller, und ich war gesund und wohlgenährt. Gegen meinen schwangeren Bauch konnte ich allerdings nichts tun. Deswegen wusste ich erst nicht, ob ich das engere *Kameez* anziehen sollte, weil ich den Bauch ohnehin nicht verstecken konnte, oder lieber das weitere, um ihn zumindest etwas zu verbergen. Ich entschied mich für die enge Variante, denn darin gefiel ich mir einfach etwas besser.

Doch ich sah lange nicht so gut aus wie meine Freundinnen. Mananda hatte sich sehr zu ihrem Vorteil entwickelt: Ihre Zähne strahlten, als sie mich zur Begrüßung anlächelte, und ich spürte bei unserer herzlichen Umarmung ihre straffen Brüste. Omissa trug einen wunderschönen violetten *Sari* und viel Schmuck. Aswaas Haut schien heller geworden zu sein und ihre Wimpern länger. Nur Somila wirkte unverändert.

»Warum hast du so früh geheiratet?«, fragte mich Omissa direkt nach der Begrüßung. »Das wüsste ich auch gerne!«, hätte ich am liebsten geantwortet. Aber ich schwieg, wie Moti es mir geboten und mit ihren Schlägen eingebläut hatte. Aswaa fragte: »Warum konntest du nicht mehr mit uns spielen?« Wie viel lieber hätte ich das getan, statt in Alwar zu schuften. Aber auch das konnte ich ihnen nicht erzählen.

Genauso wenig wie von der fortwährenden Gewalt, unter der ich zu leiden hatte. Ich musste alles für mich behalten.

Um von mir abzulenken, fragte ich meine Freundinnen, was sie in der Schule gelernt hätten. Das war aber keine gute Idee. Denn sie fingen ganz begeistert an, vom Unterricht zu erzählen, und ich wurde richtig neidisch, weil mir das alles nicht vergönnt war. Ich hörte nur noch mit einem Ohr zu und verlor mich in meinen Gedanken: Wie gerne wäre auch ich länger als nur bis zur vierten Klasse in die Schule gegangen und hätte mir mehr Wissen angeeignet. Aber fast alles, was ich gelernt hatte, habe ich inzwischen wieder vergessen. Ich kann weder lesen noch schreiben. Außer meinem Namen: Amila. Den sagte auf einmal Omissa eindringlich und rüttelte mich an der Schulter. »Hörst du uns überhaupt noch zu? Du hast dich ganz schön verändert. Du bist nicht mehr so lustig und locker wie früher. Was ist bloß los mit dir?« Aswaa pflichtete ihr bei: »Ja, das finde ich auch. Du bist echt anders. Deine Haut ist dunkler geworden und deine Zähne sehen komisch aus.« Normalerweise hätte ich jetzt über das eben Gesagte einen Witz gemacht und gelacht. Doch dabei wären meine Zähne zum Vorschein gekommen, für die ich mich nach Aswaas Bemerkung schämte. Erfreulicherweise fragte mich jetzt Mananda danach, wo ich denn in Alwar wohnen würde. Das war meine Chance, wieder etwas von meiner humorvollen Art zu zeigen, dachte ich. »Genau auf der Grenze zwischen zwei Dörfern«, antwortete ich und machte eine dazu passende Bewegung: Ich klatschte die beiden Innenseiten meiner Handflächen, welche die beiden Dörfer symbolisieren sollten, schnell aneinander vorbei. Meine Freundinnen lachten.

Doch dann fragte mich Aswaa: »Warum hast du denn überhaupt geheiratet?« Dass ich keine Wahl hatte, konnte ich ihnen natürlich nicht erzählen, und so wusste ich wieder nicht, was ich antworten sollte. Also gab ich vor, dass mir aufgrund meiner Schwangerschaft schlecht sei, und sagte nichts.

»Okay, lass mich etwas Schönes fragen«, sagte Omissa. »Wie habt ihr euch verliebt?« Dass ich Akthar gar nicht liebe, verschwieg ich, ebenso wie den Gedanken, dass ich aller Voraussicht nach nie in meinem Leben erfahren würde, wie es ist, verliebt zu sein. Stattdessen antwortete ich: »Es ist einfach so passiert.«

»Und warum bist du so früh schwanger geworden und nun schon wieder schwanger?«, fragte Aswaa weiter. Auch darauf konnte ich keine ehrliche Antwort geben. Ich hatte doch gar nicht so früh Mutter werden wollen. Ich war selbst noch ein Kind gewesen, als Kalil zur Welt kam, und nun war ich mit gerade einmal vierzehn Jahren schon wieder schwanger. Auch das war von mir nicht gewollt. Diese Fragen und die Tatsache, dass ich nicht ehrlich zu meinen

Freundinnen sein konnte, setzten mir zu. Aber ich musste ihnen irgendetwas antworten. »In Alwar sind die Dinge eben ganz anders als hier«, sagte ich dann. So ähnlich, wie Kamla es einmal zu mir gesagt hatte, gab ich es an meine Freundinnen weiter.

»Ja, wie denn?«, fragte Omissa. Zum Glück sagte Mananda in dem Moment: »Genug geplaudert, lasst uns doch lieber auf die Felder gehen und ein paar Blumen pflücken, wie früher.«

Mananda nahm mich an der Hand und wir liefen los. Dabei rutschte mir die *Ghunghat* herunter. Das machte aber nichts. Ich zog sie wieder etwas höher und klemmte sie mir locker hinter die Ohren. Genau so, wie meine Freundinnen ihre *Dupatta* trugen. Sie interessierte meine Kopfbedeckung ebenso wenig wie die anderen Menschen um uns herum. Zumindest sagten sie nichts.

Es war schön, wieder frei mit meinen Freundinnen durch die Gegend zu spazieren. Ich musste mir weder Sorgen darüber machen, dass wir Händchen haltend miteinander gingen, noch dass ich alleine mit anderen Frauen unterwegs war. Es war wie in einem meiner Träume. Und der wurde nun wahr.

Die Sonne spiegelte sich auf den mit Wasser bedeckten Reisfeldern, an denen wir entlangschlenderten. Es war sehr ruhig, nur die Vögel zwitscherten. Die Luft war feucht, aber frisch, und es roch nach Orchideen. Die strahlend weißen mag ich besonders gern. Jedes Mal, wenn wir eine weiße Orchidee sahen, knipsten wir sie behutsam unten am Stiel ab und legten sie vorsichtig in den unteren Teil unserer Schleier. Ich wünschte, dass dieser Tag nie aufhörte. Doch viel zu schnell neigte er sich seinem Ende zu. Die Sonne ging am Horizont unter, tauchte ihn von strahlendem Blau in warme Orange- und Gelbtöne. Dann mussten wir uns auf den Rückweg machen.

Eine nach der anderen wurde zu Hause abgeliefert. Als erste Mananda und dann Omissa. Aswaa muss- te selbst beim Abschied wieder eine Frage stellen: »Warum hast du eigentlich deinen Sohn nicht mitge- bracht?« Ich sah mich zwar gezwungen, ihr zu ant- worten, wich ihrer Frage aber aus, indem ich beteu- erte ihn beim nächsten Besuch mitzubringen.

Nun waren nur noch Somila, die auch im Haus meiner Eltern wohnte, und ich übrig. Sie hatte den ganzen Tag über geschwiegen, und auch jetzt sagte sie nichts. Ich beließ es dabei. Wir gingen schweigend durch die Dämmerung. Während wir still nebenein- anderher schritten, kam mir wieder der Gedanke, dass so ein Tag wie heute die absolute Ausnahme in meinem Leben war und auch in Zukunft sein wür- de. Tiefe Traurigkeit überkam mich und meine Au- gen füllten sich mit Tränen. Als Somila das sah, frag- te sie: »Ist alles okay mit dir, Amila?« Etwas irritiert von der plötzlichen Frage, antwortete ich nur: »Ja klar, das passiert manchmal während der Schwan- gerschaft, da fängt man einfach so aus dem Nichts an zu weinen.«

Als wir bei meiner Familie ankamen, war es schon dunkel und mein verheultes Gesicht fiel zum Glück niemandem auf. Doch innerlich beschäftigte mich das alles noch stark. Ich musste immerzu daran denken, dass ich zu keinem Menschen in meiner Heimat mehr ehrlich sein konnte. Weder zu meinen Freundinnen, denen ich sonst immer alle meine Geheimnisse mitgeteilt hatte, noch zu meiner Familie.

Denn würde die Wahrheit ans Licht kommen, könnte ich mich nie wieder hier in meiner Heimat Assam blicken lassen. Was mir widerfahren ist, gilt in der indischen Gesellschaft als unrein, hatte ich gelernt. Es würde die Ehre meiner Familie verletzen und Schande auf sie bringen. Das wollte ich auf gar keinen Fall.

Und selbst, wenn meine Eltern mich zurückholen könnten, hätten sie es schwer, weil die Leute im Dorf nicht mehr mit ihnen reden würden. Meine Familie würde verstoßen und verachtet werden und ihren Halt in der Gemeinschaft verlieren. Das könnte ich ihnen nicht zumuten. Ich wollte keine Last für sie sein. Weder in finanzieller, noch – und das ist mir viel wichtiger – in gesellschaftlicher Hinsicht. Das würde ich mir nie verzeihen. Deswegen durfte in Assam auch niemand jemals erfahren, was mir in Alwar angetan wurde. Diese Gedanken belasteten mich sehr und mir fiel es schwer, einzuschlafen.

Am nächsten Morgen setzte sich Somila zu mir. Ich rollte gerade den *Poita Saul,* einen über Nacht in Senföl aufgequollenen Reis, in einem Bananenblatt zusammen, um ihn zu frühstücken, als sie mich fragte, ob ich ein paar fermentierte Zwiebeln dazu essen möchte. »Ja, gerne«, antwortete ich. Sie streute einige davon über den Reis. Gemeinsam blickten wir auf den Gemüsegarten. Dann erinnerte ich mich, wie verschlossen Somila auf dem Nachhauseweg und beim Blumenpflücken am Tag zuvor gewesen war. Während die anderen mich ausfragten und alles Mögliche von mir wissen wollten, hörte sie zwar aufmerksam zu, fragte selbst aber nichts. Sie war noch nie besonders gesprächig gewesen, aber irgendwie hatte ich jetzt das Gefühl, dass sie etwas ernsthaft bedrückte. Und so war es auch.

»Kennst du den Satz: ›Ein Mädchen großzuziehen ist wie den Garten des Nachbarn zu gießen?‹«, fragte sie mich plötzlich. Ich schüttelte den Kopf und fand, dass das sehr böse klang. Ihr Vater hatte das immer zu ihr gesagt, erklärte sie mir. Sie schwieg eine Weile und meinte dann, er wäre sehr frustriert darüber, dass er so viele Töchter hat. Fünf an der Zahl, denn Somila hat vier ältere Schwestern, und nachdem die Mutter als sechstes Kind endlich den ersten Sohn zur Welt gebracht hatte, ließ sie sich sofort sterilisieren. Was das war, erfuhr ich im Laufe von Somilas Erzählung.

Da das Haus ihrer Familie eigentlich zu klein für so viele Menschen war, kam es ihrem Vater sehr entgegen, dass seine Schwester Somila adoptieren wollte. Er stimmte daher ohne zu zögern zu, seine Tochter an ihre kinderlose Tante abzugeben. Gemeinsam zogen die beiden ins Haus meiner Eltern, die den finanziellen Zuschuss durch die Miete gut gebrauchen konnten. Diese Miete wurde von dem sehr wohlhabenden

Ehemann von Somilas Tante bezahlt, der weit weg in Haryana, in der Nähe von Alwar lebt.

Somila war mit dieser Regelung aber überhaupt nicht glücklich. Das sagte sie zwar niemandem, auch mir nicht, aber ich merkte es ihr an, als sie darüber sprach. Außerdem hatte mir meine Schwester Momina verraten, dass sie schon öfters beobachtet hatte, wie Somila heimlich um das Haus ihrer Eltern herumgeisterte. Von meinem Vater wusste ich, dass Somila sehr an ihrer Familie hing und ihre Tante nicht als Ersatzmutter anerkennen wollte, obwohl diese liebevoll und fürsorglich zu ihr war.

Kurz vor meiner Ankunft in Assam, so erzählte mir Somila, hatte ihr Vater all ihren Geschwistern anlässlich des *Eidfestes* am Ende des Ramadan ein neues Kleidungsstück gekauft. Nur ihr nicht. Davon hatte sie ihrer Tante und Ersatzmutter berichtet. Diese empfand das als Aufforderung und kaufte Somila gleich vier Kleidungsstücke. Dazu durfte sie sich noch Armreife, oder was auch immer sie wollte, aussuchen. Doch Somila ging es nicht darum, was sie bekam, sondern darum, von wem sie es erhielt. Sie wollte ein Geschenk von ihren leiblichen Eltern, erzählte sie mir im Vertrauen.

»Ich fühlte mich schon immer ungewollt«, sagte sie mit Tränen in den Augen. »Als ob es besser wäre, wenn ich nicht auf die Welt gekommen wäre.« Ich versuchte sie zu trösten und sagte: »Ach, du steigerst dich da in etwas hinein.« Traurig sah sie mich an und verriet mir, dass ihr Vater kurz nach ihrer Geburt versucht hätte, sie mit einer Überdosis Opium umzubringen. »Wie würdest du dich denn dann fühlen, Amila?«, fragte sie mich ganz unverhohlen.

Ich war schockiert, als ich das hörte. Von meinem Vater könnte ich mir nie vorstellen, dass er so etwas tun würde. Aber dann dachte ich an Moti und Akthar und überlegte mir, dass diese beiden bestimmt keine Hemmungen hätten, mich umzubringen. Mir wurde auch klar, dass ich nicht die Einzige war, die missachtet wurde, und dass so etwas auch in Assam geschehen konnte. Obwohl ich immer geglaubt hatte, dass die Menschen hier anders wären als in Alwar. Ich nahm Somila in den Arm und sagte nur: »Wein ruhig, Somila.« Ich wollte ihr keine weiteren Fragen mehr stellen. Denn ich wusste selbst, wie schwer und unangenehm es ist, sie zu beantworten oder ihnen ausweichen zu müssen. Somila weinte bitterlich.

Plötzlich kam Mananda vorbei. Somila konnte sich gerade noch wegdrehen und ihre Tränen abwischen. Aber Mananda spürte, dass irgendetwas nicht stimmte, und fragte: »Alles in Ordnung bei euch beiden?« Auch wenn ich ungern Geheimnisse vor Mananda hatte, da sie mir von meinen Freundinnen die liebste war, wollte ich Somila doch schützen. Deshalb versuchte ich wieder, mit meiner Schwangerschaft abzulenken. »Das Kind hat sich gerade im Bauch bewegt«, sagte ich schnell. Somila hatte sich in der Zwischenzeit schon wieder etwas beruhigt, sodass Mananda keinen Verdacht schöpfte. Sie meinte nur etwas neckisch, dass es wohl ein ganz aktives Kind werden würde, so wie ich.

So war es schließlich auch. Am nächsten Tag brachte ich mein zweites Kind, meine erste Tochter zur Welt: Sheela. Ich hatte das Gefühl, als hätte sie während der letzten Wochen in meinem Bauch die Energie von Assam aufgesogen und wieder zurück in mein Leben gebracht. Jedenfalls denke ich mir das manchmal, wenn ich sie ansehe. Außerdem werde ich nie vergessen, wie liebevoll mein Vater sie direkt nach der Entbindung im Arm hielt und sie eingewickelt in ein helles Bambustuch ganz vorsichtig zu mir ins Bett legte. Sie duftete so gut. So sauber. So rein. So frisch. Nach Assam. Es war schön. Auch meine Freundinnen kamen, um sie zu bewundern und zu streicheln.

Doch nur wenige Tage später musste ich wieder zurück nach Alwar, wie mein Vater und Akthar es abgemacht hatten. Meine Mutter war deshalb schon seit Sheelas Geburt damit beschäftigt, typische Gerichte unserer Gegend für meine lange Reise vorzubereiten: *Akhoi Saul* (Puffreis) und *Pithas*. Letzteres sind süße Rollen aus *Bora Saul* (Reismehl), die es normalerweise nur zu einem besonderen Anlass gibt. Man röstet sie entweder in grünem Bambus langsam über dem offenen Feuer (*Sunga Pitha*), frittiert sie in Öl und füllt sie mit Sesam (*Xutuli*) oder backt sie mit einer leckeren Füllung über einem heißen Stein.

Für mich bereitete meine Mutter sie mit Kardamom und Kokosnuss zu. Somila half unterdessen dabei, Kokosnüsse in Stücke zu brechen, damit ich sie besser transportieren konnte. Kokosnüsse gibt es, genau wie Bananen, zwar auch in Alwar und andernorts in Indien, aber sie schmecken nicht so wie die aus Assam, weswegen ich sie unbedingt mitnehmen wollte. Mananda, Aswaa und Omissa brachten mir zum Abschied Stauden von den einmaligen kleinen Bananen.

Mit diesen Spezialitäten aus Assam bepackt, Sheela in ein Bambustuch an mich gewickelt, machte ich mich auf den Weg zum Bahnhof in Guwahati. Der Abschied fiel mir schwer. Aber als das Sammeltaxi kam, musste ich einsteigen. Omissa und Aswaa weinten. Mananda rannte noch ein paar Meter neben dem Auto her. Somila blieb lieber im Haus. Sie hatte sich schon am Abend zuvor von mir verabschiedet, nachdem wir beide einen Ausflug gemacht hatten um noch einmal über ihre Geschichte zu sprechen. Daran erinnerte ich mich nun, als die Reisfelder auf dem Weg zum Bahnhof an Sheela und mir vorbeizogen. Wir waren zur Moschee auf dem benachbarten Berg gegangen, so wie früher. Nur, dass Sheela diesmal mit dabei war. Als wir oben angekommen waren, fragte ich Somila, ob ich ihr irgendwie helfen könne. Sie bat mich, sie mit nach Alwar zu nehmen, vielleicht würde sie dort glücklicher werden als hier. Aber ich erklärte ihr: »Alwar ist ein schrecklicher Ort, ich würde keinem empfehlen, dort zu leben.« Somila schaute mich ungläubig an.

»Deswegen habe ich euch auch nichts von dort mitgebracht, obwohl ich es euch eigentlich versprochen hatte«, sagte ich, auch um mein schlechtes Gewissen darüber zu beruhigen. Doch Somila starrte mich einfach nur weiter an. Wahrscheinlich erkannte sie in diesem Moment, dass wir beide etwas von unseren Geheimnissen preisgegeben hatten. Wir standen uns schweigend gegenüber.

Ich hielt diese Stille nicht aus und hatte das Gefühl, dass ich etwas für Somila tun musste. War ich doch die Einzige, die von ihrem traurigen Schicksal wusste und auch, wie schwer es war, damit zu leben. Deswegen sagte ich: »Lass uns einen Wunsch losschicken, vielleicht hilft uns das, und der Ort hier ist dafür vorgesehen.« Somila blickte nur teilnahmslos vor sich hin. Ich wünschte mir, dass Sheela es in ihrem Leben besser haben werde als ich in meinem.

Um die Situation zwischen Somila und mir etwas aufzulockern, machte ich das, was ich am besten konnte, allerdings nur in Assam und nicht in Alwar: Scherze. Erst wollte sich Somila nicht darauf einlassen, doch dann gab sie nach, und wir alberten während der ganzen Zeit des Abstiegs miteinander. Als wir beim Haus meiner Eltern ankamen, setzte sie wieder ihr ernstes Gesicht auf und erklärte mir, dass ihr Abschiedsszenen immer sehr schwer fallen würden und sie mir deswegen schon jetzt Lebewohl sagen wolle. Ich fand das zwar komisch, respektierte aber ihren Wunsch. Um sie etwas aufzumuntern, hatte ich zu ihr noch gesagt: »Es ist schade, dass ich nun gehen muss, denn ohne mich hast du gar keinen *Kheer* in deinem Leben, und den brauchst du doch.« Somila hatte gelächelt und gesagt: »Es stimmt, du versüßt mir wirklich das Leben.«

Die Reise nach Alwar war lang und beschwerlich. Während der Fahrt versuchte ich mich, so gut es ging, von dem Gedanken abzulenken, nun wieder zurück in mein altes grauenhaftes Leben zu müssen, und beschäftigte mich die ganze Zeit über mit Sheela. Denn sie war meine Blüte, mein Nektar aus Assam. Ich schmierte sie unaufhörlich mit Kokosnussöl ein. So oft, dass es ich es noch auf der Reise aufbrauchte. Ich wollte sie mit so viel Assam umgeben, wie nur möglich, und hätte am liebsten meine kleine, hilflose Tochter gar nicht von dort weggebracht, aber ich hatte keine andere Wahl.

Zurück in Alwar, die *Ghunghat* verdeckte nun wieder das ganze Gesicht, holte Akthar uns in der Stadt ab. Gemeinsam fuhren wir zu seinen Eltern. Abdul war enttäuscht, dass Sheela ein Mädchen war. Kamla hingegen konnte nicht aufhören zu strahlen. Sie nahm die Kleine auf den Arm, lächelte sie an und strich ihr liebevoll über den Kopf. Dann streichelte sie mir über die *Ghunghat* und fragte mich: »Töchterlein, wie ist es dir ergangen?« Aber Akthar schaute mich so skeptisch an, dass ich das Gefühl hatte, es wäre besser, wenn ich nicht antworte. Kein Wunder, denn er war weder an meiner Reise interessiert, noch an seiner Tochter Sheela. Er fragte nichts. Stattdessen zog er mir grob die *Ghunghat* tiefer ins Gesicht und schrie mich an: »*Muhdak Karo* (Bedecke dein Gesicht)!«

Entsetzt von Akthars Benehmen, wies seine Mutter ihn zurecht: »So redest du nicht mit meiner geliebten Tochter!« Aber er entgegnete: »Bestimmt ist sie dort rumgelaufen wie eine Schlampe!« Dabei holte er mit seiner Hand weit aus, um mich zu schlagen. Doch bevor er das tun konnte, griff sein Vater zum *Lathi* und schlug ihm damit auf den Rücken. Abdul blieb ganz ruhig dabei. Im ersten Augenblick hätte niemand dem dürren Mann, der sich immer komplett in Weiß kleidete, so etwas zugetraut. Doch sobald es darum ging, seinen Sohn zu belehren, tat er das auch. Und sein Mittel dafür war, wie bei den meisten in Alwar, der *Lathi*.

Abdul selbst schien das auch nicht sonderlich zu gefallen, denn er zupfte sich, wie jedes Mal, wenn er Akthar geschlagen hatte, mürrisch ein paar seiner langen grauen Barthaare aus und runzelte die ohnehin schon sehr faltige Stirn. Aber seinen Sohn mit Worten zurechtzuweisen, statt ihn mit dem *Lathi* zu schlagen, hatte er nicht gelernt. Genau wie Akthar, der inzwischen aus dem Haus gerannt war und Kalil, der davor saß, voll Ärger mit der flachen Hand mitten ins Gesicht schlug, sodass es laut klatschte. Dann steckte er sich eine Zigarette an. Ich war also wieder angelangt in meinem Alltag, in der Hölle, die andere unter dem Namen Alwar kennen.

Das konnte ich meinen Eltern natürlich nicht sagen. Aber damit sie wussten, dass ich wieder in Alwar angekommen war, wollte ich sie anrufen. Ich hatte jedoch kein Telefon, weil zumindest in Rajasthan und in ein paar anderen indischen Bundesstaaten die Männer die absurde Theorie vertreten, dass Frauen, die ein Mobiltelefon besitzen, sich mit fremden Männern verabreden könnten. Also ließ ich Sheela bei Kamla, ging raus zu Akthar und bat ihn, mit seinem Telefon meine Eltern anrufen zu dürfen. Er tippte die Nummer ein – währenddessen nahm ich Kalil auf den Arm, um ihn vor seinem Vater zu schützen – und gab mir das Telefon.

Als meine Schwester Momina den Hörer abnahm, war sie völlig aufgelöst. Noch bevor ich etwas sagen konnte, schluchzte sie: »Somila ist tot!« Vor Schreck ließ ich Kalil fast fallen. Dann erzählte mir Momina, was passiert war. Am Tag meiner Abreise sollte Somila auf das Haus ihrer Eltern aufpassen, weil diese mit der ganzen Familie Verwandte besuchen wollten. Nachdem sie das Haus verlassen hatten, hörten Nachbarn, wie Somila ganz laut die Musik aufdrehte. Einen Tag später kam eine Nachbarin vorbei, um sich ein Ei zu leihen. Doch Somila öffnete nicht die Tür. Misstrauisch ging die alte Frau zu meiner Familie und erzählte ihr davon. Meine Mutter schickte Momina, die sich gut mit Somila verstand, los, um nach ihr zu sehen. Doch auch ihr blieb die Tür verschlossen.

Momina kehrte zum Haus unserer Eltern zurück und erzählte unserer Mutter und Somilas Tante davon. Zu dritt gingen sie nun zum Haus von Somilas Familie. Dort nahmen sie sich einen Stock, um damit die Vorhänge zur Seite zu schieben. Nachdem sie das getan hatten, sahen sie Somila tot von der Decke baumeln. Sie hatte sich mit einem dünnen Strick am Ventilator erhängt. Ein paar Männer kamen zu Hilfe, um die Tür aufzubrechen und Somila von der Decke zu holen. »Dass dieses schweigsame Mädchen ihrer Familie so etwas antun kann«, sagte meine Mutter verständnislos. Gerade sie, die selbst kaum spricht. Aber dann dachte ich daran, dass auch ich meiner Familie viel verschweige, weil ich sie beschützen will.

Somila hat die Ablehnung durch ihren Vater nicht mehr länger verkraftet. Ich wusste also, warum sie sich umgebracht hatte, und machte mir Vorwürfe, dass ich mich besser um sie hätte kümmern sollen. Doch wäre das überhaupt möglich gewesen? Ich war schockiert von Somilas Selbstmord und mich plagten Schuldgefühle.

Das sah man mir wohl an. Denn nachdem ich aufgelegt hatte, kam Kamla auf mich zu und erkundigte sich, was bei mir zu Hause in Assam passiert war. Ich erzählte es ihr. Sie nahm mich in den Arm und erklärte mir dann, wie schwer es Mädchen und Frauen in Indien haben und wie sehr man sie manchmal schützen muss. Doch nicht nur vor Männern, sondern auch vor den Frauen. Diese Erfahrung hatte ich ja auch schon mit Moti gemacht, dachte ich. Denn noch nie hat mich jemand so oft und so brutal geschlagen wie sie.

Meist müssen die Töchter in Indien sogar vor der eigenen Familie geschützt werden. Mädchen sind eine Last. Sie tragen den Familiennamen nicht weiter und verursachen nur Kosten. Insbesondere wenn Mitgift zu zahlen ist. Sie bekommen schlechteres Essen als die männlichen Familienmitglieder und häufig werden sie schon als Neugeborene getötet. Wie im Fall von Somila, die der eigene Vater umbringen wollte. In Indien, so erzählte Kamla, führte das dazu, dass es inzwischen erstmals weniger Frauen als Männer gibt. Auf hundert neugeborene Mädchen kommen hundertzehn neugeborene Jungen.

Nun stand ich da mit Sheela, die weder von ihrem Großvater, noch von ihrem Vater geschätzt wurde. Ganz im Gegenteil, sie waren enttäuscht, dass mein zweites Kind ein Mädchen war. »Noch ein Mäulchen mehr zu stopfen«, hatte Abdul gesagt. Akthar: »Noch eine, bei der ich auf die *Ghunghat* aufpassen muss.« Die Kommentare der Männer klangen vorwurfsvoll. Als ob ich mir die Situation hätte aussuchen können.

Akthar hatte mich gegen meinen Willen geschwängert, und ich hatte keinen Einfluss darauf, ob es ein Junge oder ein Mädchen wird. Aber ich freute mich über Sheela. Warum konnten Akthar und Abdul das nicht auch? Zeit, darüber nachzudenken, blieb mir allerdings nicht. Zwar war ich noch erschöpft von der zweiten Geburt und der langen Reise, doch Akthar meinte: »Wer reisen kann, der kann auch arbeiten.« Es war Hochsaison für die Senfernte. Also musste ich wie vor meiner Abreise mit wenig Schlaf auskommen, hart auf den Feldern arbeiten und mich um die Kinder und den Haushalt kümmern. Und dazwischen noch Akthars meist sexuelle Gewalt ertragen.

Jeden Morgen stand ich um fünf Uhr auf, um das

Haus zu putzen, zu beten und Frühstück für alle zuzubereiten. Dann ging ich zu den Kindern. Sie sahen
so wohlbehütet und friedlich aus im Schlaf. Was soll
ich nur mit ihnen machen, wenn ich zur Arbeit gehe,
fragte ich mich. Ich hatte solche Angst, dass Akthar
sich an ihnen vergreifen würde. Dann kam mir der
Gedanke, sie zu Kamla zu bringen. Diese freute sich
sehr, und ich wusste, dass Kalil und Sheela bei ihr sicher waren, was mich beruhigte.

Nachdem ich die beiden Kinder am Morgen bei
Kamla abgeliefert hatte, zog ich gemeinsam mit anderen Frauen aus dem Dorf auf die umliegenden Felder.
Wir alle waren trotz der drückenden Hitze schon am
frühen Morgen mit den *Ghunghats* verhüllt, sodass
uns niemand erkennen konnte. Auch untereinander
wussten wir nicht, wer die anderen waren. Jede war
auf sich allein gestellt. Weshalb viele von uns auch
ziemlich bissig und grob geworden waren. In Alwar
verrohen alle, um zu überleben. Auch ich war davon
nicht ausgeschlossen. Falls eine andere Frau etwas
von meiner Lese stibitzte, zog ich ihr die *Ghunghat*
vom Kopf. Denn es war unter uns üblich, sich so gegen Diebinnen zu wehren. Wir mussten nur aufpassen, dass die Besitzer der Felder nicht gerade vorbei-
schauten, wenn wir miteinander stritten. Ab und an
kamen sie nämlich, um zu kontrollieren, ob wir auch
ja keine Pause machten.

Immer wieder habe ich mich gefragt, warum wir
jeden Tag auf dem Feld schuften und die Arbeit von
anderen erledigen müssen, die viel mehr Geld haben

als wir. Eines Abends, als ich die Kinder bei Kamla abholte, fragte ich meine Schwiegermutter danach. »Mein Töchterlein«, seufzte sie, »das zu erklären ist gar nicht so einfach, und dafür gibt es viele Gründe.«

Ein wichtiger Grund sei das Kastensystem. Dieses Gesellschaftssystem in Indien sei schon mehrere tausend Jahre alt und werde von der Mehrheit sehr ernst genommen. Aber ursprünglich sei es nicht so diskriminierend gewesen, wie es heute ist. Es wurde einst dafür verwendet, unterschiedliche Berufe zu beschreiben. Es gab zum Beispiel Bauern, Händler und Geistliche. Und wenn ein Bauer lieber Priester werden wollte, war das vollkommen in Ordnung. Die Kasten waren nicht so wichtig. Doch heute werden Menschen anhand ihrer Kastenzugehörigkeit bewertet. Sie können sich nicht dagegen wehren, weil von Geburt an feststeht, in welcher Kaste sie sich befinden. Ähnlich wie ein Mensch von Anfang an durch sein männliches oder weibliches Geschlecht festgelegt ist.

Die unterschiedlichen Kasten lassen sich am einfachsten erklären, wenn man sie mit dem menschlichen Körper vergleicht: Den Kopf des Kastensystems bilden die *Brahmanen*. Zu ihnen gehören traditionell die intellektuelle Elite, die Ausleger der heiligen Schriften sowie die Priester. Sie symbolisieren Wissen und Weisheit, dienen als Ratgeber für die Gesellschaft und vor allem für die nächste Kaste darunter, für die *Kshatriyas*. Sie bilden die Hände der Gesellschaft. Denn sie sind die Krieger und verteidigen das Land. Zu ihnen zählen zum Beispiel die Herrscher und Prinzen, genau wie höhere Beamte. Den Bauch der Gesellschaft stellt die Kaste darunter dar, die *Vaishyas*. Zu ihnen gehören die Händler, Kaufleute, Grundbesitzer und Landwirte. Die unterste Kaste und somit die Füße des Kastensystems bilden die *Shudras*. Sie sind die Diener der Gesellschaft und zuständig für mindere Tätigkeiten, wie Schuhe reparieren, Haus- und Feldarbeit. Sie kümmern sich auch um die Tiere. Zu ihnen zählen die Handwerker, Pachtbauern und Tagelöhner.

Alle Menschen, die keiner der vier Hauptkasten, die *Varna* genannt werden, angehören, sind Kastenlose, *Dalits*. Von manchen werden sie »Unberührbare« genannt. Sie gelten als unrein und sind für alles, was die Kastenangehörigen nicht machen wollen, zuständig. Zum Beispiel für das Putzen der Toiletten und das Entsorgen der Exkremente.

»Aber ich dachte immer, das Kastensystem gibt es nur bei den Hindus«, sagte ich etwas irritiert zu Kamla. »Das denken viele«, meinte sie. Durch das jahrhundertelange Zusammenleben haben sich die anderen Religionen dem in Indien vorherrschenden Kastensystem angepasst. Das Christentum lehnt es zwar offiziell ab, aber in vielen Regionen werde es gelebt. Beispielsweise in Kerala, ganz im Süden des Landes, wo viele Christen leben, sitzen sie aufgrund der Kastenunterschiede meist nicht nur getrennt voneinander, sondern werden auch an verschiedenen Orten auf dem Friedhof begraben. Ähnlich sei es bei uns Muslimen. Auch wenn wir an sich nach Gleichheit streben, sei das Kastensystem in Indien auch bei uns zum Alltag geworden. »Und vergiss nicht, Amila, in jeder indischen Region gibt es andere Regeln«, sagte Kamla. Aufgrund dessen sprächen viele auch vom Kastenwesen. Zudem gebe es innerhalb der einzelnen Kasten auch noch jeweils hundert Untergruppen, die *Jatis* genannt werden.

»Und wie kann man die verschiedenen Kasten denn nun unterscheiden?«, fragte ich Kamla. Früher sei das gut anhand des Aussehens möglich gewesen, erklärte sie mir. *Brahmanen* rasierten sich beispielsweise ihre Köpfe und ließen nur einen kleinen Pferdeschwanz am Hinterkopf stehen, der *Choti* oder *Shikha* heißt. Das war ihr Erkennungszeichen. Doch heute ist das nicht mehr so. Einige Leute meinten früher, dass man die Kaste anhand der Hautfarbe bestimmen könne. Je heller die Haut, desto höher die Kaste.

Aber ob dem wirklich so war, wusste Kamla nicht, jedenfalls sei das heute nicht mehr unbedingt so. Auch die Annahme, je höher die Kaste, desto wohlhabender seien die ihr zugehörigen Menschen, sei heute nicht mehr zutreffend. Nicht alle *Brahmanen* seien reich. Andererseits stimme es schon, dass die meisten Armen bei den *Dalits* und *Shudras* zu finden seien, was sich vor allem mit deren jahrhundertelanger Ausbeutung erklären lasse.

Die Kastenzugehörigkeit sagt also kaum etwas über den jeweiligen Wohlstand der Menschen aus, erfuhr ich, sondern steht für deren Reinheit, ihren Aufgabenbereich und bestimmt das Verhalten. Gerade an Letzterem lassen sich die unterschiedlichen Kasten am ehesten erkennen, da es dafür strenge Regelungen gibt, genau wie für die Beziehungen untereinander. Aber auch die werden nicht von allen befolgt.

»Reden deswegen die Grundbesitzer auf dem Feld nicht mit uns?«, fragte ich Kamla. Sie bejahte dies und erklärte weiter: Das Kastensystem sei ungerecht, denn es erlaube den höheren Kasten vieles und untersage den niedrigeren so gut wie alles. Denn es basiere auf der Annahme, dass Angehörige der oberen Kasten nicht in Kontakt mit Menschen unterer Kasten treten sollen, also nicht mit ihnen sprechen, sie nicht berühren oder auch nicht zusammen mit ihnen essen sollen. Für einige Berufe sollen nur Angehörige von bestimmten Kasten eingestellt werden, weshalb die Kastenzuordnung in der Regel durch ein Zertifikat belegt werden müsse. Außerdem sollen zwischen den unterschiedlichen Kasten auch möglichst keine Ehen geschlossen werden. Der Hauptgrund für die traditionell strikte Kastentrennung, die heute jedoch nicht mehr überall eingehalten werde, sei, dass Menschen aus höheren Kasten nicht von denen aus unteren Kasten verunreinigt werden wollen.

Einige Angehörige der oberen Kasten gingen sogar noch weiter und drückten ihre Vorrangstellung durch gewalttätiges Verhalten aus. Obwohl dies inzwischen per Gesetz verboten wurde, werde es gesellschaftlich immer noch weitgehend akzeptiert. Deshalb unternähmen nur die wenigsten etwas dagegen, wenn Angehörige aus oberen Kasten Menschen aus unteren Kasten oder Kastenlose vorführen, beschimpfen, schlagen, vergewaltigen oder sogar umbringen.

Manche Männer kämen auch nicht damit klar, wenn Frauen aus höheren Kasten erfolgreicher seien als sie. Das sei oft ein Grund für die Männer, Gewalt gegen die Frauen auszuüben, obwohl diese einer höheren Kaste als sie selbst angehören.

Aber am schlimmsten behandelt würden *Dalit*-Frauen, sagte Kamla. Sie gelten als unrein, und niemand in Indien steht tiefer als sie. Sie fallen nicht nur aus dem Kastensystem und damit aus der Gesellschaft, sondern werden auch nicht mehr als menschliche Wesen angesehen. Und genau so eine war ich, realisierte ich in diesem Moment. Dann korrigierte sich Kamla. Es gebe doch noch eine tiefere Stufe: eine *Dalit*-Frau ohne Mann. Denn wenn du als Frau in Indien nicht verheiratet bist, verlierst du quasi deinen Schutz und deine Daseinsberechtigung. »Lieber tot als unverheiratet«, lautete daher früher ein Spruch. »Aber hör nicht auf so was, Amila«, ermahnte mich Kamla. »Zu überleben ist das allerwichtigste.«

Und darum ging es jeden Tag, nicht nur für mich, sondern auch für meine Kinder. Und diese mussten jetzt etwas essen, deshalb verabschiedete ich mich von Kamla, nahm Kalil an der Hand, Sheela auf den Arm und ging schnell mit ihnen nach Hause, um das Essen zuzubereiten. Nachdem es fertig war, stellte ich es auf ein beiges Tuch mit rotem Blumenmuster, das ich auf dem Boden ausgebreitet hatte. Akthar wartete schon. Ich setzte mich mit Sheela auf dem Arm hin und Kalil ließ sich neben mir nieder.

Das Sitzen tat mir gut. Denn ich bin froh über die

wenigen Momente, in denen ich das darf. Aber wirklich ausruhen konnte ich mich nicht, denn ich musste Sheela stillen, so wie ich es früher mit Kalil getan hatte. Nicht nur meine Brüste sind davon erschlafft, sondern auch ich. Außerdem habe ich ständige Rückenschmerzen von der Feldarbeit. Ich versuche mir aber möglichst nichts anmerken zu lassen.

Auch wenn mir das meist gelingt, sind meine Brüste und mein Rücken nicht die einzigen Körperteile, an denen das schwere Leben in Alwar seine Spuren hinterlassen hat. Meine ohnehin schon groben Hände sind noch kräftiger geworden, rau und lädiert. Jedes Mal, wenn ich sie beim Abspülen am Ende des Tages ins Wasser tauche, sehe ich in den Handflächen die Narben, welche die tiefen Wunden der Feldarbeit hinterlassen haben, und erinnere mich an die Schmerzen, von denen sie stammen. Wenn das passiert, gehe ich zu meinen Kindern, küsse sie sanft auf die Stirn und hoffe, dass Akthar uns in Ruhe lässt.

4

Ich werde benutzt und beschmutzt

Amila steht unter ständiger Beobachtung ihres Ehemanns

Anfang Juni begann es zu regnen. Erst ein paar Schauer am Tag, sodass wir noch die letzte Ernte einholen konnten. Bald schüttete es unaufhörlich, denn die Monsunzeit hatte begonnen und wir flüchteten von den Feldern. Damals wohnten wir noch in einer *Kutchcha,* einer Hütte mit Wellblechdach, das in unserem Fall undicht war. Das Regenwasser prasselte von oben und allen Seiten auf uns ein. Daher blieben wir die meiste Zeit in der Hütte, wo wir Akthar hilflos ausgeliefert waren. Denn hier konnte er mit uns machen, was er wollte. Das wusste er natürlich.

Als Sheela einmal zu schreien anfing, weil sie in ihrem dünnen Bambustuch fror, holte Akthar mit der Hand aus und wollte auf sie einschlagen. Doch ich beugte mich schützend über sie, und so prallte Akthars erster Hieb trotz meiner *Ghunghat* und meiner dicken Haare sehr hart auf meinen Hinterkopf. Die nächsten Schläge trafen meinen Rücken. Auch sie waren schmerzhaft. Ich spannte die Muskeln an und ließ sie reglos auf mich einprasseln, wie der Regen auf das Dach.

Doch die Schläge waren mit Abstand nicht das Schlimmste. Da ich nicht aufs Feld gehen musste, hatte Akthar viel Zeit, mich zu benutzen, zu beschmutzen und in den Wahnsinn zu treiben.

Mehrmals am Tag schickte er die Kinder raus in den Regen, um in Ruhe über mich herfallen zu können. Weil Sheela noch nicht laufen konnte, nahm Kalil sie auf den Arm. Beide waren in wenigen Minuten völlig durchnässt. Das interessierte Akthar aber nicht. Ich versuchte meine Beine zusammenzuhalten. Doch Akthar riss sie gewaltsam auseinander. Er stank abartig. Eine Mischung aus Schweiß, Tabak und verschiedenen Gewürzen. Mit einer Hand krallte er mich unten am Rücken oberhalb des Steißes und presste mich fest an sich. Mit der anderen hielt er mir entweder den Mund zu, wobei sich die scharfen Nägel seiner kleinen Finger tief in die Wangen gruben, oder er schlug mir ins Gesicht, wenn ich anfing zu schreien. Ich wollte wegrennen, mich auflösen. Aber ich hatte keine Chance.

Nur wenn seine Eltern uns besuchten, was aber während der Monsunzeit eher die Ausnahme war, ließ er mich in Ruhe. Deshalb freute ich mich umso mehr, als sie zu uns kamen. Doch Kamla ging es nicht gut. Sie streckte zwar nach wie vor zur Begrüßung ihre Hand nach mir aus, um über meine Ghunghat zu streicheln. Aber nachdem ihre Hand meinen Kopf erreicht hatte, verharrte sie dort und bewegte sich nur leicht. Kamla wirkte sehr schwach. Dabei spürte ich die Blicke von Kalil, der mit Sheela auf dem Arm neben mir stand und uns alle beobachtete. Dann kam Akthar und verscheuchte die Kinder. Zur Überraschung aller ausnahmsweise ohne Schläge. Aber wahrscheinlich nur, weil Abdul in diesem Moment sagte: »Der Arzt meint: Kamlas Zustand ist wirklich schlecht.« Deshalb blieben seine Eltern nicht lange bei uns.

Akthar schien von den schlechten Nachrichten über den Gesundheitszustand seiner Mutter gereizt zu sein. Er befahl Kalil draußen zu bleiben, obwohl es schon sehr spät war und nach wie vor in Strömen regnete. Ich war gerade dabei, Sheela ins Bett zu bringen, als mich Akthar auf einmal packte und mich zu ihm umdrehte. Er zog mich aus und stieß ganz mechanisch in mich rein. Ohne Gefühl. Es war schnell vorbei. Akthar stieg von mir runter und ließ mich splitternackt liegen. Mir war kalt. Ich zitterte und hatte Gänsehaut am ganzen Körper. Zum Glück war Sheela nicht aufgewacht. Also wickelte ich mir ein großes Tuch um und legte mich zu ihr. Kurz darauf kam Kalil. Er war völlig durchnässt, zog sich schnell aus und eine trockene Hose an. Dann nahm er mich liebevoll in den Arm. Ohne darüber zu reden, schien es, als wüsste er, was passiert war. Er kuschelte sich zu Sheela und mir. Wir schliefen ein.

Drei Tage später gingen wir alle zum Haus von Akthars Eltern. Wir stapften durch den roten Matsch, den der Monsun aus dem sandigen Boden gemacht hatte. Bei unserer Ankunft sagte mein Schwiegervater zu mir: »Töchterlein, heute musst du stark sein.« Ich wusste nicht, was er damit sagen wollte, und fragte ihn: »Was meinst du?« Ich war mir sicher, ihn durch den lauten Regen falsch verstanden zu haben. »Du hast schon richtig gehört«, sagte er traurig, »du musst stark sein, wir alle müssen stark sein, denn Kamla hat sich heute von uns verabschiedet.« Ich schlug die Hände vor meinem Gesicht zusammen und begann zu weinen.

Kalil nahm mir Sheela ab und streichelte mir vorsichtig über den Rücken, um mich zu beruhigen. Aber das fiel mir schwer. Denn mir wurde klar, dass ich mit meiner Schwiegermutter nicht nur einen sehr wichtigen und liebevollen Menschen in meinem Leben verloren hatte, sondern auch meine Lehrerin und Beschützerin vor Akthar. Nun blieb mir nur noch mein Schwiegervater, der seinen Sohn aber nicht wie Kamla mit Worten zu besänftigen versuchte, sondern genau wie Akthar die Probleme durch Schläge lösen wollte.

Akthar hatte sich das Prügeln von seinem Vater abgeschaut und gleichzeitig große Angst vor ihm. Das war vermutlich auch der Grund, weshalb er sich nur ungern in der Gegenwart seines Vaters aufhielt. Ich war mir sicher, dass ich meinen Schwiegervater deswegen in Zukunft so gut wie nicht mehr sehen würde. Denn nun, nachdem Kamla gestorben war, hatte Akthar keinen Grund mehr, zum Haus seiner Eltern zu gehen.

Plötzlich stand Akthar auf, ging raus und stellte sich unter das Vordach. Er drehte sich mit dem Gesicht zur Hauswand und versuchte, seine Zigarette anzuzünden. Das Streichholz war aber durch die Feuchtigkeit schon so aufgeweicht, dass es nicht funktionierte. Er nahm ein zweites, das brach ab. Akthar zitterte so sehr, dass ihm fast die Zigarettenschachtel aus der Hand gefallen wäre. Daraufhin brachte ihm Kalil eine Kerze nach draußen, und Akthar begann zu rauchen. Nervös bewegte er die Zigarette immer wieder zwischen seinem Zeige- und Mittelfinger hin und her. Zwischendurch nahm er lange Züge. Als er fertig geraucht hatte, holte er mich und die Kinder aus dem Haus. Eigentlich hatte ich Abdul bei der Trauer um seine Frau beistehen wollen. Doch Akthar verabschiedete sich von ihm, und wir gingen wieder zurück durch den roten klebrigen Matsch.

Akthar war aufgewühlt. Er weinte. So hatte ich ihn noch nie erlebt. Damit ich seine Tränen nicht sehen konnte, ging er mit gesenktem Kopf zu unserer Hütte. Dort angekommen, wischte er sich mit dem Ärmel seines Hemdes die Tränen aus den Augen und ergriff in der gleichen Bewegung Kalil, um ihn mal wieder vor die Tür zu setzen. Dann packte er mich. Ich hielt Sheela auf dem Arm und versuchte sie zu beschützen, aber Akthar hielt mich fest. »*Kutti* (Hure) bleib hier!«, schrie er mich an und zog an meinen Haaren. »Ich hab dich gekauft, also kann ich mit dir machen, was ich will!« Mit all meiner Kraft versuchte ich ihn abzuwehren, doch er schmiss mich zusammen mit Sheela auf den Boden. »Wehren willst du dich also, *Randi* (Schlampe)!«, rief er zornig und griff zu einer Sichel, die ich ansonsten für die Feldarbeit benutzte. Damit schlitzte er mir die *Salwar* auf und auch in die Haut meiner Beine hinein. »So geht das auch, *Behen Ki Lohdi* (Schwestermuschi)!«

Sheela lag auf dem Boden und schrie. Ich konnte

sie nicht erreichen und schlug wild um mich. Akthar war das egal, er schnitt mir weiter mit der kleinen Handsichel tiefer in die Haut an den Innenseiten meiner Oberschenkel. Es begann zu bluten. »Du gehörst mir«, sagte er immer wieder, »und wenn du vorher noch leiden willst, kannst du das gerne haben.«

Blut stünde für Unreinheit, aber unrein wäre ich sowieso, meinte er. Ich hatte solche Angst und war auf einmal wie gelähmt. Dann drang er in mich ein. Immer wieder und wieder. Als er sein Glied rauszog, lief mir sein Sperma an den Beinen runter und vermischte sich dort mit meinem Blut. Auch meine Brüste waren ganz rot, weil er sie mit seinen blutigen Händen angefasst hatte. Es war ekelhaft, absolut ekelhaft. Mir war übel. Aber ich hatte niemanden, zu dem ich gehen, den ich um Hilfe bitten konnte. Keine Mutter. Keinen Vater. Keine Schwester. Keine Freunde. Niemanden. Nur meine Kinder. Und damit ihnen nichts geschehen würde, bemühte ich mich, ja nicht ohnmächtig zu werden.

Als sich nicht mehr alles vor meinen Augen drehte, hob ich Sheela vom Boden auf und stellte mich mit ihr in den Regen. In diesem Moment dachte ich gar nicht darüber nach, ob uns jemand sehen konnte. Ich konnte nicht denken. Wir standen splitternackt im Regen. So wie wir zur Welt gekommen waren. Nein! Diese Reinheit war schon längst verloren gegangen. Ich war beschmutzt, genau wie Sheela. Der Regen wusch das Blut sanft von unseren Körpern. Zwischen den Beinen half ich etwas nach, damit das Sperma auf jeden Fall verschwand und die Wunden richtig sauber wurden. Ich stand in einer kleinen roten Pfütze, die durch den starken Regen zum Glück in wenigen Minuten wieder weggeschwemmt wurde. Ich zitterte. Sheela auch. Deshalb ging ich wieder in die Hütte, trocknete sie behutsam ab, wickelte sie in ihr Bambustuch und legte sie ins Bett unter unsere einzige Wolldecke. Nachdem ich meine *Salwar* genäht und frische Kleidung angezogen hatte, legte ich mich zu ihr.

Ich wehrte mich nie wieder gegen Akthar. Meine Angst war zu groß. Und Kamla, bei der ich hätte Zuflucht finden können, war tot. Wie befürchtet, besuchten wir das Haus meiner Schwiegereltern nach ihrem Tod nicht mehr. Akthar wollte das nicht. Dafür penetrierte er mich fast manisch. Ich ließ es einfach über mich ergehen. Um ihn dabei nicht ansehen zu müssen, starrte ich deshalb immer an die Decke auf das verrostete Wellblechdach. Außer, wenn er mich von hinten nahm, dann musste ich das glücklicherweise nicht tun.

Aber nie wieder wollte ich, dass er mich so grausam folterte und in meine Haut ritzte, bis ich so erbärmlich blutete. Nie wieder wollte ich diese Schmerzen verspüren. Nie wieder wollte ich mich dagegen wehren. Der gewaltsame Sex wurde zur Gewohnheit. Ich sagte nichts. Er machte einfach. Meist zog er dafür schnell meine *Salwar* runter, eine Unterhose besaß ich nicht, und mein *Kameez* ließ er fast immer an. Ab und zu fasste er darunter, um meine Brüste zu begrapschen. Hin und wieder beschimpfte er mich auch.

Aber zum Glück nie wieder so schlimm, wie an dem Tag, an dem seine Mutter gestorben war. Immer, wenn ich mich daran erinnerte, musste ich heulen. Manchmal hatte ich das Gefühl, der Himmel mit all seinen Regentropfen würde solidarisch mit mir weinen. In manchen Augenblicken beruhigte mich die Gleichmäßigkeit des Regens auch. Aber meistens steigerte er meine Trauer. Doch hingeben konnte ich mich ihr nicht allzu oft. Nicht, weil mir sonst wie bei Moti Schläge drohten, sondern weil dieser Monsun auch eine schreckliche Zeit für Kalil und Sheela war. Damit sie nicht sahen, wie Akthar sich über mich hermachte und in mich eindrang – auch wenn Kalil inzwischen Bescheid wusste und Sheela es einmal miterlebt hatte –, schickte er sie in den Regen, wodurch sie immer wieder krank wurden.

Vor allem Sheela war sehr häufig unterkühlt, sodass ihr kleiner Körper zitterte. Ich versuchte ihr vorsichtig warmen *Chai* einzuflößen. Doch den wollte sie einfach nicht trinken. Das hat sie wahrscheinlich von mir, denn ich mag ihn ja auch nicht besonders gern. Kalil trank ihn dafür umso lieber, wobei ich ihn immer ermahnen musste, sich nicht am heißen *Chai* die Zunge zu verbrennen. Vielleicht wurde er deswegen auch nicht ernsthaft krank, sondern erkältete sich höchstens leicht. Aber Sheelas Gesundheitszustand verschlechterte sich von Tag zu Tag. Ich wickelte sie mit allem ein, was wir hatten, und hielt sie fest im Arm, um sie zu wärmen.

Doch es wurde einfach nicht besser. Sie brauchte

dringend Medizin. Ich durfte das Haus aber nicht verlassen, und Geld hatte ich auch nicht. Deshalb bat ich Akthar, Medikamente für Sheela zu besorgen, was ihn wie immer nicht interessierte. Aber Kalil merkte, dass etwas nicht stimmte, und wollte mir helfen: Er meinte, er könne zu seinem Großvater gehen und ihn um Geld für Medikamente bitten. »Aber was sagst du, wenn er wissen will, für wen die Medikamente sind?«, fragte ich ihn. »Dann verstelle ich mich und sage einfach, sie sind für mich«, antwortete er, der sonst so schüchtern war. Doch für seine Schwester und mich würde er fast alles tun, ähnlich wie Abdul für seinen einzigen Enkelsohn, dachte ich mir. Nachdem er Kalil so lange nicht mehr gesehen hatte, war ich mir sicher, dass er sich über seinen Besuch freuen würde, ebenso wie über ein Stück *Halva*. Diese Süßspeise aus Sesamöl, Zucker, Honig und Mandeln essen alle Trauernden eine Woche nach dem Todesfall. Ich gab Kalil ein Stück, küsste ihn auf die Stirn, und er lief los zum Haus seines Großvaters.

Während Kalil unterwegs war, machte ich mir Sorgen, ob er mit seinen noch nicht einmal vier Jahren vielleicht nicht doch zu jung für eine solche Aktion sei. Umso erleichterter war ich, als mein Sohn nach mehreren Stunden zwar mit völlig durchnässtem Hemd, aber ansonsten unversehrt zurückkehrte. Er hielt eine kleine Plastiktüte mit Medizin für Sheela in der Hand. Das zauberte ein Lächeln auf mein Gesicht. »Endlich siehst du wieder etwas fröhlicher aus,

Mama«, sagte Kalil. »Das bin ich auch«, antwortete ich. Dankbar streichelte ich ihm über sein tiefschwarzes kurzes Haar.

Da kam Akthar herein, ging drohend auf Kalil zu, zündete ein Streichholz an und hielt es ihm vors Gesicht. Ich hatte solche Angst, dass er etwas von dem Besuch bei Abdul ahnte. Doch bevor das Feuer erlosch, hielt Akthar das Streichholz schnell an seine Zigarette und blies den Rauch in das Dunkel der Nacht. Ich atmete tief durch. Akthar schien nichts mitbekommen zu haben. Er wollte Kalil nur Angst machen. Kein Wunder, dass der Junge so verstört war.

Als Akthar am nächsten Tag wieder kurz zum Rauchen rausgegangen war, versuchte ich Sheela die Medizin zu geben. Sie wollte die Pillen aber nicht schlucken. Deswegen steckte ich sie in ein kleines Stückchen *Halva*. Das aß sie, weshalb ich das in den nächsten Tagen so lange wiederholte, bis es nichts mehr von der Süßspeise gab. Die Pillen ihres Großvaters halfen Sheela und ihr Gesundheitszustand verbesserte sich allmählich.

Vierzig Tage nach Kamlas Tod lud Abdul die Familie zu einem *Lokma*-Kuchen ein, so wie es üblich war. Doch Akthar wollte nicht daran teilnehmen. Stattdessen gingen wir zwölf Tage später zum *Olum Mevlutu,* dem Essen, bei dem der toten Kamla schweigend gedacht wurde. Zum Glück nahm Akthars Familie dieses Fest ernst, denn das bedeutete, dass seine Angehörigen mich mit ihren Demütigungen verschonten. So hatte ich Raum für meine eigene Trauer. Ich weinte. Abdul und Akthar nicht. Sie sprachen auch kein Wort miteinander.

In den Wochen danach regnete es immer weniger und dann war die Monsunzeit vorbei. Für mich hieß das: wieder aufs Feld. Obwohl das harte Arbeit bedeutete, war es doch ein Ausweg vor Akthar. Doch seine sexuellen Übergriffe gingen weiter. Vor und nach meiner Arbeit. Sie waren fester Bestandteil unseres Ehelebens geworden. Selbst als wir wussten, dass ich wieder schwanger geworden war, hörte er nicht damit auf.

Die Arbeit, die Schwangerschaft, die Gewalt, der ungewollte Sex, die Angst – das alles zehrte sehr an meinen Kräften. Außerdem näherte sich der Winter, das Essen wurde weniger und schlechter. Und es gab niemanden, den ich um Hilfe bitten konnte. Der Kontakt zu Abdul war seit der Andacht für Kamla vor einigen Monaten völlig abgebrochen. Meine Eltern und Freundinnen lebten in Assam. Nur Kalil und Sheela waren da, und für sie musste ich sorgen.

Im Winter gab ich ihnen deshalb möglichst oft Eier zu essen, denn sie sind die beste kräftigende Nahrung zu dieser Jahreszeit. Blieb ein Ei übrig, aß ich auch eins, denn ich hatte ohnehin das Gefühl, dass ich das Kind, das in mir heranwuchs, nicht wirklich gut ernähren konnte. Akthar kümmerte das alles nicht.

Im Frühling des Folgejahres kam dann früher als erwartet Zarina zur Welt. Sie schien mir ganz anders als Sheela zu sein und wirkte viel zarter auf mich. Die Geburt war für Abdul der erste Anlass, uns nach

Kamlas Tod wieder zu besuchen. Er fragte mich, ob es mir und den Kindern gut ginge. Doch als er Zarina sah, sagte er: »Schon wieder eine Tochter«, und wandte sich von mir ab. »Du brauchst mehr Söhne«, sagte er dann vorwurfsvoll zu Akthar, den er zuvor keines Blickes gewürdigt hatte. Noch mehr Sex, dachte ich mir. Und so kam es auch.

Ein paar Monate später war wieder Monsunzeit, und ich musste nicht aufs Feld. Dafür hatte Akthar den ganzen Tag Gelegenheit, über mich herzufallen. Oft geschah es mehrmals am Tag. Aus Angst, seinen Vater zu enttäuschen? Um seinen Frust an mir auszulassen? Um mir gegenüber Macht zu demonstrieren? Ich wusste es nicht und war ihm schutzlos ausgeliefert.

Abdul kam nicht mehr zu Besuch. Vermutlich, weil er so enttäuscht war, dass ich zwei Töchter und nur einen Sohn bekommen hatte. Seine Anwesenheit hätte mich vor Akthars Vergewaltigungen beschützt. Ob meinem Schwiegervater das damals bewusst war? Auch das wusste ich nicht.

Ich war allein mit den Kindern, und Akthar fand immer einen Weg, sie wegzuschicken und mich zum Sex zu zwingen. Kein Wunder, dass ich kurze Zeit später wieder schwanger wurde. Diesmal hatte die Schwangerschaft aber einen Vorteil. Denn nachdem bei Zarinas Entbindung eine Nachbarin in letzter Minute zur Hilfe geeilt war, um mir beizustehen, weil Akthar völlig überfordert gewesen war, wollte er diese Situation nicht noch einmal erleben, und ich durfte wieder nach Assam reisen.

Über drei Jahre waren seit meinem letzten Besuch dort vergangen, als Sheela zur Welt gekommen war. Kalil war mittlerweile fünf und Zarina gerade mal ein Jahr alt geworden. Alle kamen sie mit. Auch Akthar, da er bei der letzten Reise so misstrauisch gewesen war. Aber er unterstützte mich nicht. Ganz im Gegenteil. Während der Zugfahrt starrte er die ganze Zeit aus dem Fenster und rauchte ununterbrochen dabei. Sobald er keine Zigaretten mehr hatte, schnorrte er sich welche. Nur Kalil war mal wieder eine große Hilfe, indem er seine beiden Geschwister bei Laune hielt – was mir als Hochschwangere alleine zu anstrengend gewesen wäre.

Endlich kamen wir in Assam an. Am Bahnhof in Guwahati kaufte sich Akthar gleich wieder Zigaretten und rauchte während der ganzen Zeit, sogar dann, als ich ihn meiner Familie vorstellte. Die Zwillinge Renu und Salma gingen inzwischen schon zur Schule und nahmen Kalil, der nur etwas jünger war als sie, mit aufs Feld, um mit ihm Papayas fürs Essen zu pflücken. Sheela hielt Zarina auf dem Arm, während ich mit Sobriya und Momina plauderte und ihnen half, das Abendessen vorzubereiten. Wir wollten Akthar ein traditionelles assamesisches Essen servieren. Es besteht in der Regel aus dem Hauptgericht *Khar* und einem sauren Gericht, dem *Tenga*. Wesentliche Bestandteile in der assamesischen Küche sind Reis und Fisch in allen Variationen. Ebenso wie Gemüse und bestimmte Obstsorten, die es nirgendwo anders gibt und die ich deshalb in Alwar sehr vermisse.

Um das *Khar* zuzubereiten, filterte Momina Wasser durch die Asche eines Bananenbaums. Dieses gefilterte Wasser nennt man *Kola Khar,* woher das Gericht seinen Namen hat. Sobriya fügte rohe Papaya, Kichererbsen und Linsen hinzu. Als Beilage sollte es *Joha Ukhua* geben, den gekochten typischen Reis aus Assam. Dann fehlte nur noch der *Rou* (Karpfen), den mein Vater mitbrachte, als er nach Hause kam.

Wie sehr freute ich mich, ihn wiederzusehen. Ich umarmte ihn lange. Akthar und er begrüßten sich recht kühl. Dann setzten wir uns alle zum Essen auf den Boden, nur Akthar und mein Vater durften auf einem kleinen Bambushocker Platz nehmen.

Vor jedem von uns stand eine Metallschüssel mit Speisen. Akthar aß seine hastig leer, rülpste laut, wie wir alle nach dem Essen, und sagte: »Kann man zwar essen, schmeckt aber nicht wirklich nach etwas.« Ich war entsetzt über seine Unhöflichkeit. Er war zum ersten Mal bei uns in Assam zu Gast und musste sich sofort beschweren. Dennoch versuchte ich Ruhe zu bewahren. Auch um meinen Schwestern zu zeigen, dass es kein Angriff gegen ihre Kochkunst war, erklärte ich Akthar ganz ruhig: »Das liegt wahrscheinlich daran, dass wir hier in Assam weniger Gewürze verwenden als in Alwar und sie vor dem Kochen nicht erhitzen.«

Doch auch das klassische *Tenga,* Fisch frittiert in Senföl mit Tomaten, war ihm zu sauer, weshalb er daran herumnörgelte. Nur der Nachtisch, der *Kheer,* schien ihm zu munden. Vielleicht, weil seine Mutter den oft in Alwar zubereitet hatte. Zahra hatte den Reispudding aber nicht wie Kamla mit Kardamom, sondern mit Zimt gemacht.

Nach dem Essen gab es *Paan:* ein Betelnussblatt, gefüllt mit bis zu zwanzig Zutaten, die alle in einer extra dafür vorgesehenen Box aus Holz aufbewahrt werden. Mein Vater erklärte Akthar, dass es verschiedene Variationen und Traditionen gibt. Betelnuss sei immer dabei und meistens auch *Chuna,* eine Art Kalkpaste, um den Atem zu verbessern. In Assam werde häufig noch Kardamom, Limette und Kokosnuss hinzugegeben. Er selbst lege gerne zusätzlich noch etwas Tabak ins handflächengroße Blatt. Als mein Vater Akthar fragte, ob er das probieren wolle, gähnte der nur und meinte, er hätte das alles schon mal gehört, und er zünde sich lieber eine seiner Zigaretten an.

Meine Eltern schauten etwas betreten, ließen sich aber nicht davon abhalten, das *Paan* in den Mund zu stecken und es zu kauen. »Das tut gut und bringt einen in andere Sphären«, sagte mein Vater, dessen Zähne sich wie die meiner Mutter sofort rot gefärbt hatten. Es sah so aus, als ob sie gleich Blut speien würden.

Heute durfte ich zum ersten Mal in meinem Leben *Paan* probieren, denn wenn der Ehemann mit dabei ist, dann ist es auch der Frau gestattet. Neugierig zerkaute ich das Betelnussblatt so lange, bis es im Mund nach wenigen Minuten zäh wurde. »Ausspucken!«, rief mein Vater dann, und wir alle spuckten den roten Schleim auf den Boden. Es war etwas eklig, aber irgendwie auch witzig.

Meine Schwestern standen auf und gingen hinaus. Ich folgte ihnen, weil ich wissen wollte, warum sie das Haus verlassen hatten. »Was sollen wir nur für Akthar morgen kochen?«, fragte mich Momina draußen besorgt. »Ihm scheint ja nichts hier zu schmecken.« Mir war es unangenehm, dass sich Akthar meiner Familie gegenüber so unmöglich benahm. Doch da meine Schwestern ihn ja nicht so gut kannten wie ich, sahen sie das Ganze eher als eine Herausforderung.

Gemeinsam überlegten wir, was wir zubereiten könnten: *Paatotdia,* in Bananenblättern gerösteter Fisch, oder *Hukuti* – auch ein Fischgericht, bei dem man *Puthi Maas* (Prachtbarbe) mit zerstoßenem grünen Chili, Tomaten, Ingwer und Knoblauch anbrät und in Bambusröhren trocknet. Dazu *Arroi Saul,* getrockneten Reis. »Oder vielleicht besser kein Fisch für ihn?«, fragte Sobriya. »Aber ich mag den doch so gerne«, wandte ich ein.

Schließlich einigten wir uns auf *Pura* (grillen). So musste ich nicht auf Fisch verzichten und für Akthar gab es Ente. Die Gerichte würzten wir mit allem, was wir hatten: Ingwer, Knoblauch, Koriander, Zwiebeln, Chili, schwarzem und weißem Pfeffer, sowie Kurkuma. Dazu gab es Gemüse und *Poitabhat,* über Nacht in Senföl, Zwiebeln und Chili eingelegten gekochten Reis.

Akthar aß und beschwerte sich nicht. Es schien ihm ausreichend gewürzt zu sein. Aber da er nichts sagte, waren wir uns wieder nicht sicher. Trotzdem wollten meine Schwestern Akthar am nächsten Morgen zum Frühstück wieder etwas Typisches bieten. Deswegen servierten sie ihm *Chira,* im eigenen Sud gekochten, platt gedrückten, fermentierten Reis mit Joghurt und *Jaggery* (raffiniertem Zucker). Den hatten wir in einem großen schmutzig-dunkelgelben Block auf dem Markt gekauft. Akthar aß und sagte wieder nichts. Dabei hatten wir uns beim Kochen so viel Mühe gegeben. Es war immer das Gleiche. Meine Schwestern waren enttäuscht.

Ich versuchte sie mit Witzen aufzumuntern, weil ich nicht wollte, dass sie wissen, mit was für einem Monster ich verheiratet bin. Außerdem erklärte ich ihnen, dass Akthar aufgrund meiner Schwangerschaft so angespannt sei und deshalb ständig rauche und nichts sage. Damit vermochte ich sie wieder etwas zu beruhigen, da sie sich noch gut daran erinnern konnten, wie aufgeregt unser Vater während der Schwangerschaft meiner Mutter mit den Zwillingen und unseren Brüdern gewesen war.

Nach vielen Tagen mit wundervollem Essen setzten bei mir dann die Wehen ein, und ich brachte gleich zwei Kinder zur Welt: die Zwillinge Salim und Sahid. Zwei gesunde Jungs. Sie waren kaum zu bändigen. Ich bildete mir ein, dass ihnen unser Aufenthalt in Assam während meiner Schwangerschaft gutgetan hatte, genau wie Sheela damals. Selbst Akthar schien etwas Freude zu empfinden und nahm Salim und Sahid auf den Arm.

Das beruhigte mich, und ich hoffte darauf, dass ich mit drei Söhnen nun ausgesorgt hatte, die Vergewaltigungen und damit die Schwangerschaften im Akkord nun aufhören würden und ich keine Kinder mehr bekommen musste. Das soll nicht so klingen, als ob ich etwas gegen meine Kinder haben würde. Wirklich nicht. Ich liebe sie mehr als alles andere auf der Welt. Aber ich machte mir Sorgen, wie ich für sie alle sorgen sollte, wo wir doch noch nicht einmal ein richtiges Dach über dem Kopf hatten. Und je mehr Kinder, desto mehr Geld brauchten wir und desto weniger konnten wir für ein Haus zurücklegen.

Eigentlich müsste ich noch viel mehr arbeiten, dachte ich, aber wie sollte ich das anstellen. Die Arbeit war auch der Grund, weshalb Akthar wollte, dass wir sofort nach der Geburt von Salim und Sahid nach Alwar zurückkehren. Ich sollte wieder aufs Feld gehen. Dass ich noch mitgenommen von der Entbindung war, interessierte ihn dabei ebenso wenig wie die Tatsache, dass sich Kalil, Sheela und Zarina in meiner Heimat wohlzufühlen schienen und meine Familie gerne noch mehr Zeit mit uns verbracht hätte. Aber wie immer duldete Akthar keine Widerrede. Drei Tage nach der Geburt standen wir wieder am Bahnhof in Guwahati.

Akthar hatte Kalil befohlen, mit den Zwillingen auf den Armen neben ihm zu gehen, was Akthar gefiel, Kalil hingegen gar nicht. Er hatte seinen Vater noch nie gemocht. Ich hastete mit Zarina auf dem

Arm und Sheela, die gerade laufen gelernt hatte, an der Hand hinterher. Die Zugfahrt war wie immer sehr lang und wieder schier unerträglich. Mit fünf Kindern und einem Ehemann, der mir nicht half, ging es zurück nach Alwar, das für mich einem Gefängnis glich.

Dort erwartete uns zu meiner großen Überraschung Abdul. Fast zwei Jahre hatten wir uns nicht mehr gesehen. Akthar musste ihn über die Geburt der Zwillinge informiert haben. Denn mein Schwiegervater begrüßte uns völlig begeistert mit den Worten: »Es ist ein Wunder!« Er hatte nur Augen für Sahid und Salim. Er ließ sie sich nacheinander von Kalil reichen, packte sie dabei so fest an ihren kleinen, dünnen Ärmchen, als ob sie schon viel älter wären, und sagte: »Das sind meine Jungs – endlich!« Er strotzte nur so vor Stolz und versprach uns: »Nun wird es euch besser gehen. Ihr werdet ein gutes Leben haben. Männliche Zwillinge. Das ist etwas Besonderes. Es ist fantastisch.«

Ich konnte Abduls Begeisterung nicht verstehen und brachte die Mädchen in unsere Hütte. Während unserer Abwesenheit war sie vollkommen eingestaubt, weshalb ich begann sie zu fegen. Die Männer rauchten vor der Tür und redeten über die Zukunft. Die beiden schienen sich wieder zu vertragen. Aber ich traute der Sache nicht, obwohl uns Abdul nun trotz seines hohen Alters mehrmals in der Woche besuchte. Bei einem dieser Besuche eröffnete er uns, wie wir ein richtiges Haus bauen könnten und wie er uns finanziell dabei helfen wollte. Aber ich war nach wie vor skeptisch und konnte mir nicht vorstellen, wie er das bewerkstelligen wollte, denn er besaß nicht viel und hatte Akthar bisher noch nie unterstützen wollen.

Doch dann berichtete er uns von einem Programm der Regierung namens *Indira Awaas Yojana (IAY)*, über das schon des Öfteren beim *Panchayat* gesprochen worden sei. Es ist eine Art Sozialhilfe für die arme Landbevölkerung in Indien, die vor etwa drei-ßig Jahren im Rahmen des *Rural Landless Emp-loyment Guarantee Programme** ins Leben gerufen wurde. Dabei gibt die Regierung Menschen auf dem Dorf, so wie uns, 70 000 bis 75 000 Rupien, damit sie sich Häuser bauen können. Die durch *IAY* ge-förderten Häuser müssen allerdings Toiletten und rauchfreie *Chulas* (Öfen) haben. Für Letztere gibt es noch zusätzliche Fördermittel von der *Total Sanitat-ion Campaign* und von der *Rajiv Gandhi Garmeen Vidyutikaran Yojana.*

In den vergangenen Jahren hätten schon viele In-der Häuser mithilfe des *IAY* gebaut, meinte Abdul. Die Chancen stünden also gut, und jetzt, wo ich bald volljährig sei, würden wir noch viel bessere Konditio-nen bekommen. Denn da die Häuser entweder einer Frau oder beiden Ehepartner zugesprochen werden, wären die *IAY*-Empfänger, also Akthar und ich, für

---

* Programme zur Umsetzung der Beschäftigungsgarantie für die Landbevölkerung.

den Bau des Hauses zuständig und würden die Ver-antwortung dafür tragen.

Mir ging das alles viel zu schnell. Ich wunder-te mich, dass die indische Regierung den Bau von Häusern unterstützt – und vor allem den Frauen Rechte daran gibt. Denn das ist untypisch in Indien. Aber Abdul erklärte mir, die Politik wolle damit den Schwächsten in der Gesellschaft helfen. Ein Haus ver-bessere die Lebensqualität, weshalb alle *Kutchchas* in indischen Dörfern bis 2017 durch befestigte Häu-ser ersetzt werden sollen. Dann wäre endlich Schluss mit unserer *Kutchcha,* der elendigen Wellblechhüte, dachte ich, das wäre schon wirklich ein Fortschritt. In Alwar, sagte Abdul, ständen die Chancen, finanzielle Förderung für ein Haus zu bekommen, gut. Denn die Geldvergabe sei zu drei Vierteln abhängig von der An-zahl der in der jeweiligen Region bereits vorhandenen Häuser und zu einem Viertel vom Grad der Armut. Im Bundesstaat Rajasthan waren beide Kriterien zu unseren Gunsten gegeben. Das Einzige, was wir nun noch bräuchten, wäre jemand, der uns bei dem Kre-dit helfen könne.

Da alle in unserer Familie arm sind, war ich mir sicher, dass es daran scheitern würde. Doch mein Schwiegervater sagte, dass er persönlich für den Kre-dit eintreten werde. Ich konnte es kaum glauben und freute mich, endlich während des Monsuns ein rich-tiges Dach über den Kopf zu haben und nicht mehr nass werden zu müssen. Außerdem, so träumte ich vor mich hin, könnte ich mir vielleicht wie in Assam einen eigenen Gemüsegarten anlegen, und vielleicht würden Akthar und ich in getrennten Zimmern schlafen können. Das wäre herrlich.

Gleich in der nächsten Woche gingen wir alle gemeinsam in die Stadt zur Bank, die auch Mikrokredite vergibt, wie Akthar und sein Vater Abdul beim *Panchayat* in Erfahrung gebracht hatten. Es war das erste Mal seit unserer Rückkehr aus Assam, dass ich wieder etwas anderes sah als unsere Hütte und die Felder, auf denen ich arbeiten musste. Auf dem Weg zur Bank passte Akthar genau auf, dass ich auch ja keinen Mann ansah und meine *Ghunghat* nicht verrutschte. Trotzdem beobachtete ich meine Umgebung genau und mir fiel auf, dass die meisten Häuser in der Stadt aus Stein waren und dass sich auf deren Dächern riesige Wassertanks und Satellitenschüsseln befanden. Auf manchen von ihnen hatten es sich kleine Affen gemütlich gemacht. Wie gerne hätte ich das auch: ein Haus aus Stein und einen Fernseher, dann könnte ich mir zumindest meine geliebten Serien aus Assam anschauen.

Auf der Bank eröffneten wir ein Konto für Akthar und mich. Abdul half uns dabei. Anschließend gingen wir in ein Haus, über dem eine orange-gelb-grüne Indienflagge wehte. Dort mussten wir ganz viele Formulare für das *IAY* ausfüllen. Da weder Akthar noch ich schreiben konnten, übernahm das ein Regierungsangestellter.

Knapp fünf Jahre würde es dauern, bis unser Haus fertig sei, erklärte uns der *IAY*-Angestellte. Drei Viertel des Geldes für den Hausbau würden wir bei erfolgreichem Antrag von der Staatsregierung bekommen und ein Viertel von der Landesregierung. Den Mikrokredit, für den uns Akthars Vater das Startkapital geliehen hatte, müssten wir erst ein Jahr nach Fertigstellung des Hauses abbezahlt haben. Wir hatten also quasi sechs Jahre Zeit, die Schulden abzuarbeiten. Doch zuvor musste alles erst genehmigt werden. Deswegen beteten wir in dieser Zeit oft. Ich animierte auch die Kinder dazu, und Akthar und Abdul besuchten häufiger als sonst in die Moschee.

Nach ein paar Wochen gingen die beiden Männer wieder in die Stadt, um sich nach dem Stand der Dinge zu erkundigen. Diesmal durfte ich nicht mit. Gespannt wartete ich deshalb darauf, mit welcher Botschaft sie zurückkehren würden. Doch als sie wiederkamen, erzählten sie mir nichts. Ich war mir deshalb absolut sicher, dass der Regierungskredit nicht genehmigt worden war.

Am nächsten Tag marschierten sie jedoch wieder in die Stadt. Diesmal nahmen sie mich mit, denn sie brauchten meine Unterschrift. In der Bank unterzeichnete ich ein Dokument, das ich nicht lesen konnte, von dem ich aber hoffte, dass es etwas Gutes bringen würde. Ich war froh, dass ich die Unterschrift zuvor noch einmal zu Hause geübt hatte. Sie ist wirklich das Einzige, das ich schreiben kann.

Wieder zurück in unserer Hütte, forderte Akthar mich auf, ihn mit allen Kindern zu begleiten. Kalil nahm also, wie immer, Sahid und Salim auf den Arm.

Sheela, Zarina und ich folgten. Aber wir gingen nur ein paar Schritte, dann blieb Akthar stehen und sagte stolz: »Das hier ist unser neues Zuhause!« Außer roter Erde war nichts zu sehen. »Was meint er damit?«, fragte Kalil etwas verwundert. Akthar schlug ihm sofort ins Gesicht, wobei er Sahid und Salim grob streifte. Dann antwortete er: »Ich habe dieses Grundstück hier gekauft und werde ein Haus darauf bauen.«

Die Hilfe seines Vaters oder meine Beteiligung am Kredit und am Hausbau erwähnte er nicht, sondern ließ seinen Zigarettenstummel in den Sand fallen. Ich hob ihn auf, denn ich wollte nicht, dass dies das erste Andenken an unser neues Zuhause wäre. Das Bücken tat mir immer noch weh, und mir war bewusst, dass die Schmerzen in nächster Zeit noch schlimmer werden würden, wenn ich zusätzlich zu meiner Arbeit auf dem Feld auch noch beim Hausbau mithelfen müsste. Und so war es auch. Jede freie Minute wurde für den Bau verwendet. Anfangs kam Abdul täglich vorbei, um nach dem Rechten zu sehen. Er half zwar nicht mit, aber er schien es gern zu sehen, dass ich es tat.

Nach ein paar Wochen ließ Abdul sich jedoch nicht mehr blicken, und ich dachte, er habe sich mal wieder mit Akthar gestritten und die beiden gingen sich deshalb aus dem Weg. Als ich Akthar darauf ansprach, gab er mir, wie gewöhnlich, keine Antwort. Da ich ja nach wie vor nicht alleine zu Abduls Haus gehen durfte, schickte ich Kalil los. Er kam zurück und berichtete mir, dass Abdul regungslos auf seinem Bett läge. Am nächsten Tag trug ich ihm noch einmal auf, zu seinem Großvater zu gehen, und er sagte, als er wieder zurückkam: »Alles genau wie gestern.« Irgendetwas stimmte da nicht. Deshalb fragte ich Akthar: »Was ist mit deinem Vater?«

»Das geht dich gar nichts an!«, keifte er. »Aber warum liegt dein Vater regungslos im Bett?«, fragte ich ihn weiter. Woher ich das wissen würde, wollte Akthar wissen. Weil ich mir Sorgen um Abdul machte, sagte ich Akthar die Wahrheit, dass Kalil ihn so liegen gesehen hatte. Das war ein großer Fehler. Denn Akthar raufte sich seine schwarzen Haare, ergriff Kalil und schlug hemmungslos auf ihn ein. »Du Nichtsnutz!«, schrie er ihn an. Ich versuchte ihn vom Schlagen abzuhalten, doch er warf mich beiseite. »Hör bitte auf!«, flehte ich Akthar an. Aber er machte weiter und schlug wie im Wahn auf seinen Sohn ein. Erst als Kalil nicht mehr zappelte, weil er vor lauter Schmerzen zu erschöpft war, ließ Akthar ihn in Ruhe. Danach nahm er wie immer eine Packung Zigaretten und eine Streichholzschachtel, ging raus und rauchte. Ich hob Kalil vom Boden auf, tupfte seine blutigen Stellen vorsichtig mit meiner *Ghunghat* ab und legte ihn ins Bett. Dann holte ich Sheela, die sich darunter versteckt hatte, hervor und beruhigte sie ebenso wie die Zwillinge und Zarina. Ich streichelte sie alle sanft in den Schlaf.

Als ich am nächsten Morgen aufwachte, war Akthar verschwunden. Ich freute mich darüber und bereitete unbeschwert das Frühstück vor. Kaum war ich damit fertig, stürmte er herein und schickte die Kinder vor die Tür. Dann begann Akthar in mich einzudringen und schrie mich dabei an: »Du wolltest doch wissen, was mit meinem Vater ist, oder?« Ich dachte, die Vergewaltigung sei die Strafe dafür, dass ich seinen Vater ausspioniert hatte. Er zog an meinen Haaren. Unter Schmerzen brachte ich nur ein lang gezogenes »Jaaa« als Antwort über meine spröden Lippen. »Er ist tot«, schrie Akthar noch lauter als zuvor. »Bist du nun zufrieden?«

Dann ließ er mich fallen, rannte raus und kam erst wieder heim, als es bereits dämmerte. Er rauchte eine Zigarette nach der anderen, sagte aber nichts. Wir sprachen mehrere Tage lang nicht miteinander.

Abdul war über siebzig gewesen und wahrscheinlich an Altersschwäche gestorben, obwohl er gar nicht so alt gewirkt hatte. Der Kontrast zwischen seiner von der Sonne dunkel gebräunten Haut und seinen silbernen Haaren hatte ihn gesund aussehen lassen.

Statt tiefe Trauer zu empfinden, wie nach dem Tod von Kamla, fühlte ich mich mehr dazu verpflichtet. Zwar hatte mich Abdul immer wieder vor seinem Sohn in Schutz genommen. Doch das hatte er in der Regel mit seinem *Lathi* getan, was ich als falsch empfand. Außerdem hatte er sich von uns abgewendet, nachdem ich meine Töchter zur Welt gebracht hatte, weshalb unser Verhältnis in den letzten Jahren angespannt gewesen war. Mich plagten jetzt vielmehr Zukunftssorgen: Was wird aus unserem Haus? Wer wird sich nun um uns kümmern?

5
Endlich (etwas) Liebe

Amila hält gerne an ihren Frauenfreundschaften fest

Kalil wurde eingeschult, und auch in meinem Leben trat eine wichtige Veränderung ein: Nach sieben Jahren durfte ich ohne Begleitung ins Dorf gehen. Aber nur, wenn mir Akthar aufgetragen hatte, Lebensmittel zu besorgen. Außer mit den Frauen, bei denen ich einkaufte, durfte ich mit niemandem in Kontakt treten. Meist kaufte ich Tomaten, Blumenkohl, Zwiebeln und Kartoffeln. Die packte ich in Plastikbeutel. Für die Milch hatte ich eine Metallkanne dabei, die ich füllen ließ und dann auf dem Kopf nach Hause trug.

Etwas später durfte ich auch ohne Begleitung zum Basar. Allerdings nur selten, und auch nur dann, wenn ich Kleidung oder Schulbücher kaufen musste. Denn eine Fahrt mit dem Sammeltaxi dauert pro Strecke mindestens eine Stunde und kostet zehn Rupien. Für uns ist das viel Geld. Deswegen freute ich mich immer, wenn ich zum Basar fahren durfte und dadurch etwas Freiheit genießen konnte. Nach all den Jahren mit Akthar in der Hütte, in denen ich mich wie in einem Käfig eingesperrt gefühlt hatte, sah ich endlich wieder andere Menschen. Vor allem Männer, und denen durfte ich nicht in die Augen blicken, hatte mir Akthar befohlen. Aber selbst ohne sie anzusehen, hatte ich das Gefühl, dass sie mich von oben bis unten musterten und lüstern anstarrten.

Viele Frauen in Indien dürfen das Haus nicht alleine verlassen

Am Chula (Ofen) backen Frauen täglich frisches Roti (Brot)

In Indien dürfen sich Frauen vielerorts nur verschleiert zeigen

Wasserbüffel sind in vielen Bundesstaaten ein Zeichen von Wohlstand

Schon kleine Mädchen müssen bei Ernte und Hausarbeit helfen

Auto-Rikschas sind das Hauptbeförderungsmittel in Indien

*Zarina beobachtet ihre Mutter Amila bei
der Zubereitung des Essens*

Marktstände und Trubel: ein typisches Straßenbild in Indien

*Auf den langen Zugfahrten wird oft Chai (Schwarztee)
getrunken*

Wasser wird in Gefäßen meist auf dem Kopf getragen;
im Hintergrund: Haus aus getrocknetem Büffelkot, in dem die
Fladen, die als Brennstoff dienen, aufbewahrt werden

In Assam gibt es Gemüse in Hülle und Fülle

Bekannt ist Assam für seine Teeplantagen

Landwirtschaftsszene, wie man sie vielerorts in Indien findet

Paros *(verkaufte Frauen) beim Nähkurs, hier sind sie unter sich*

Kein Wunder, dass die wenigen Frauen, die alle *Ghunghat* trugen, mit keinem der Männer in Kontakt traten. Dafür aber sprachen sie miteinander. Meist in einem starken Alwar-Dialekt, den ich nicht immer verstehen konnte. Außerdem war ich durch die jahrelange Gefangenschaft so eingeschüchtert, dass ich mich nicht traute, mich mit den Frauen zu unterhalten. Als ich es dann doch einmal versuchte, wandten sich die Frauen von mir ab und gingen weg. Irgendetwas schienen sie an mir auszusetzen zu haben. Aber ich wusste nicht, was. Das verunsicherte und enttäuschte mich noch mehr. Denn jetzt, wo ich endlich mit anderen Frauen ins Gespräch kommen konnte, wollten diese nicht mit mir reden. Wahrscheinlich lag es daran, dass ich nicht aus Alwar kam und etwas anders aussah und redete als sie.

Umso mehr freute ich mich, als mich eines Tages eine fremde Frau ansprach. Ich hatte gerade einen Eimer mit Erde zum Bau unseres Hauses gebracht, als mich eine leise Stimme fragte: »Wirst du hier wohnen?« Etwas irritiert sah ich mich um und erblickte eine Frau, deren rote *Ghunghat* inmitten des Staubes leuchtete. Aber ihre Frage klang irgendwie komisch. Nicht was sie fragte, sondern wie sie es fragte. Es war kein Alwar-Dialekt. Ich antwortete: »Ja«, und fragte sie im Gegenzug: »Wohnst du auch hier?« Die Frau schaute sich um und kam ein paar Schritte näher. Nun konnte ich erkennen, dass ihr giftgrünes *Kameez* große rote Blumen hatte. Dieses Muster gefiel mir. Ich trage es selbst auch gern, da mich die Blumen an meine Heimat Assam erinnern. »Ich wohne hier«, sagte sie und zeigte auf das Haus direkt neben unserem Grundstück.

»Aber du redest anders«, sagte ich und war selbst überrascht von meiner Direktheit. »Du auch«, entgegnete sie mir. »Stimmt«, sagte ich, »ich komme nicht von hier.« Die Frau hob ihre *Ghunghat* ganz leicht an, lächelte und sagte: »Ich auch nicht.« Durch ihre Geste schienen wir uns auf einmal ganz nah zu sein, und ich traute mich sogar zu sagen: »Ich heiße Amila und komme aus Assam.« Sie antwortete: »Ich bin Nimra und stamme aus Bangladesch.« Wo das lag, wusste ich nicht, aber ich war hocherfreut, dass sie wie ich nicht aus Alwar kam. Deshalb sagte ich: »Dann haben wir ja viel gemeinsam.« Sogar mehr als ich anfangs dachte, was wir aber erst später feststellten.

Denn auch wenn wir uns noch gerne weiter unterhalten hätten, mussten wir aufpassen, dass uns niemand sah. Nimra hob abwehrend ihre Hand und bewegte sie hin und her, um mir zu signalisieren, dass wir unser Gespräch vorerst abbrechen sollten. Ihre Finger waren lang und schmal, ganz anders als meine. Sie war ohnehin sehr mager, sodass ihr dünner Körper weder ihre *Salwar* noch *Kameez* ausfüllte und sackartig über ihr hing. Sie schob sich ihre rote *Ghunghat* wieder tiefer ins Gesicht, drehte sich um und verschwand hinter einem Hügel.

Ich freute mich sehr über diese Begegnung und wollte gleich am nächsten Tag wieder zu der Stelle, wo wir uns begegnet waren, zurückkehren. Akthar erklärte ich deshalb, dass ich Erde zur Baustelle bringe. Dagegen konnte er nichts einwenden und er würde auch keinen Verdacht schöpfen. Ich zog euphorisch los. Meine Freude steigerte sich, als ich Nimras rote *Ghunghat* wieder am Horizont leuchten sah. Ich schaute mich kurz um, dann schnalzte ich laut mit der Zunge. Sie schien mich auch wiedersehen zu wollen, denn sie kam auf mich zu und sagte: »*Salam Aleikum*«, und ich antwortete: »*Aleikum Salam*«. Dann holte ich ein paar *Chana* (Kichererbsen) aus meiner *Salwar*-Tasche, reichte sie ihr und sagte: »Die machen dich stark.« Sie bedankte sich und gab mir etwas Kardamom in die Hand. Dabei bemerkte sie meinen kleinen goldenen Ring mit einem ovalen pinken Stein in der Mitte, der von zwei kleinen Herzen eingerahmt war. Er schien ihr zu gefallen. Also zog ich ihn vom Ringfinger ab und versuchte ihn ihr anzustecken. »Schenk ich dir!«, sagte ich und probierte alle Finger durch. »Den kann ich doch nicht annehmen«, entgegnete mir Nimra. Doch ich bestand darauf, obwohl er nur an ihrem Daumen passte. Nimra lächelte und sagte: »Vielen Dank, du solltest mich mal besuchen kommen.«

Das ließ ich mir nicht zweimal sagen und wollte am liebsten sofort mit ihr mitgehen. Doch erst musste ich mir eine Ausrede für Akthar überlegen, damit er nicht zu misstrauisch würde. Ich sagte ihm, dass Nimra gute und günstige Zwiebeln verkaufen würde, und da sie in der Nähe von uns wohnte und eine Frau ist, hatte er nichts dagegen. Er hörte mir in letzter Zeit ohnehin immer nur mit halbem Ohr zu. Also beeilte ich mich an diesem Tag sehr mit dem morgendlichen Einkaufen, um anschließend möglichst viel Zeit mit Nimra verbringen zu können.

Da ich ihr vorher nichts von meinem Besuch erzählt hatte, hoffte ich, dass sie zu Hause war. Aber wo sollte sie auch anderes sein? Wenn sie nicht beim Einkaufen oder bei der Feldarbeit ist, muss sie bestimmt wie alle anderen Frauen hier im Haus bleiben, dachte ich. Ich näherte mich ihrem Anwesen ganz vorsichtig, weil ich keinen von uns in Gefahr bringen wollte. Denn ich wusste ja nicht, ob sie verheiratet war und wer sonst noch im Haus wohnte. Deshalb schnalzte ich diesmal nicht mit der Zunge und beobachtete von Weitem, was vor dem Haus passierte.

Dort stand eine große grüne Wasserpumpe, ähnlich der hinter dem Haus meiner Eltern in Assam. Ein Junge, der kleiner war als die Pumpe selbst, versuchte Wasser hochzupumpen. Er hing mit seinen kleinen Armen am Schwengel, schaffte es aber nur, ihn wenige Zentimeter zu bewegen. Dabei spritzten ein paar Tropfen Wasser in den Eimer und es quietschte. Dann kam Nimra aus dem Haus und trat zum Kleinen, der in seinem zerrissenen, groß karierten Hemd immer noch am Pumpenschwengel hing. Sie beugte sich zu ihm, um ihn auf den Arm zu nehmen, und als sie sich wieder aufrichtete, sah sie mich in der Ferne und blieb stehen.

Einen kurzen Moment lang war ich unsicher, ob ich hier sein sollte. Doch dann kam sie auf mich zu.

Ich zog schnell mein *Kameez* glatt und versteckte die Milchkanne hinter meinem Rücken, weil es mir unangenehm war, dass ich ohne Geschenke für Nimra gekommen war. Aber ich hatte ihr ja schon meinen Ring geschenkt. Das sollte reichen, dachte ich und lächelte sie dafür umso freundlicher an. Auch Nimra schien es nichts auszumachen, dass ich ihr nichts mitgebracht hatte. Denn sie begrüßte mich herzlich und führte mich mit dem kleinen Jungen auf dem Arm zu ihrem Haus.

Neben der Pumpe war unter dem einzigen Baum ein großer Büffel angebunden, der mich mit seinen riesigen Augen eindringlich anglotzte. Als wir an ihm vorbeigegangen waren, steckte er seinen Kopf tief in die Wassertränke vor ihm, sodass nur noch seine geschwungenen Hörner zu sehen waren. Daneben stand eine Hütte aus *Gopal.* »Wir trocknen den Büffelkot in der Sonne und bewahren ihn dann in der Hütte daraus auf«, erklärte mir Nimra und zeigte auf ein paar aufgereihte Fladen. Plötzlich stürmte uns eine Schar Kinder aus dem Haus entgegen. Sie hatten wohl gehört, dass ich gekommen war, und schauten mich neugierig an. Ich begrüßte sie. Doch nach wenigen Minuten schien ich sie nicht mehr so zu interessieren wie die zwei umherlaufenden Ziegen, denen sie jetzt hinterherjagten. Nimra und mir war das recht, denn so konnten wir uns in Ruhe im Haus miteinander unterhalten.

Dort hockten noch ein paar ältere Kinder auf dem Boden. Fast alles Mädchen. Sie saßen auf einem bunten Tuch und nähten fleißig.« Sind das alles deine?«, fragte ich Nimra. Sie wackelte bejahend mit ihrem Kopf hin und her. »Und wo ist ihr Vater?«, fragte ich sie weiter. Nicht nur aus Neugier, sondern weil ich sicher sein wollte, dass er nicht im nächsten Augenblick ins Haus kommt. Wobei, überlegte ich mir, mich Nimra sicherlich nicht hereingebeten hätte, wenn diese Gefahr bestünde. »Er ist nur selten hier, denn er ist Fahrer in Gujarat«, antwortete sie.

Wie beneidete ich sie darum, nicht ständig ihrem Mann ausgeliefert zu sein. Nur alle drei Monate käme er von dem benachbarten indischen Bundesstaat nach Hause, sagte sie. Vielleicht, dachte ich, ist ihr Mann ja nett. Mehr Geld als wir schien er zumindest zu verdienen, denn das Haus war wirklich ungewöhnlich groß für Alwar. Wir sprachen darüber, dass wir beide in der Fremde leben und wie sehr wir unsere Heimat vermissen. Unsere Sehnsucht nach unserem Geburtsort machte uns zu Verbündeten und ließ uns schnell zu guten Freundinnen werden.

Mit der Zeit erfuhr ich, dass Nimra ein ähnliches Schicksal hatte wie ich. Auch sie war eine *Paro*, auch wenn sie immer von *Molki* sprach, aber sie meinte, das würde das Gleiche bedeuten. Ich glaubte ihr, denn sie war immerhin schon mehr als doppelt so alt wie ich, wie sich herausstellte. Obwohl wir uns beide gar nicht so ganz sicher waren über unser Alter. Aber älter als Akthar, also über dreißig, war sie allemal. Unserer Freundschaft tat das jedoch keinen Abbruch, ganz im Gegenteil. Ich hatte mich schon immer gut mit Älteren verstanden und mich gerne mit ihnen unterhalten. Zudem freute ich mich so sehr, endlich eine Person in Alwar gefunden zu haben, der gegenüber ich etwas *Mohabba* (Liebe) verspürte und die auch mir zugeneigt war. Mir war unsere Freundschaft sogar so wichtig, dass ich Nimra nicht länger vor Akthar verheimlichen wollte.

Ich nahm also meinen ganzen Mut zusammen und erzählte Akthar, dass Nimra nicht nur gute und günstige Zwiebeln verkaufe, sondern dass sie bald auch unsere Nachbarin sein werde und ich sie gerne treffe. Ihn schien das aber nicht sonderlich zu interessieren, was mich sehr überraschte. Früher hatte er sich immer über alles aufgeregt und schnell seine Hand gegen mich erhoben. Doch seit dem Tod seiner Eltern machte er das nicht mehr so oft. Er schien immer noch ziemlich mitgenommen zu sein, und dadurch irgendwie auch gleichgültiger mir gegenüber.

Das Einzige, was ihn wirklich beschäftigte, wovon er nahezu besessen zu sein schien, war die Fertigstellung des Hauses. Selbst tat er aber nichts dafür. Solange ich also den Hausbau und meine Arbeit nicht vernachlässigte, war es ihm anscheinend egal, ob ich mit einer anderen Frau plauderte oder nicht. Und so mussten Nimra und ich unsere Treffen nur dann unterlassen, wenn ihr Mann für ein paar Tage zu Besuch in Alwar war.

Ansonsten sehen wir uns fast jeden Tag. Meist am Mittag, da ich zuvor immer einiges zu erledigen habe. Jeden Morgen stehe ich um fünf Uhr auf, gehe zum Brunnen und hole Wasser. Ich kaufe Milch und Gemüse ein und fege die Hütte. Danach wasche ich mir Hände und Füße mit dem Wasser, das ich im Eimer am Morgen geholt habe. Dann bete ich. Anschließend hole ich die Asche vom Vortag aus dem *Chula* und mache ihn sauber, setze *Chai* auf und wecke die Kinder. Kalil gebe ich ein Stückchen *Flen,* einen kleinen Weizensnack, bevor er sich sein Gesicht wäscht und zur Schule geht. Die ist nicht sehr weit von unserem Haus entfernt, weshalb er erst gegen sieben Uhr losmuss. Anschließend frühstücke ich mit den Zwillingen, Sheela, Zarina und Akthar. Es gibt jeden Tag das Gleiche: doppeltes *Roti* mit Gemüse vom Vortag, das ich darin einwickle – ein typisches Frühstück in Alwar, das fast alle hier essen. Akthar trinkt anschließend meist noch einen *Chai.*

Da ich gerne morgens früh meine Arbeiten erledige und zwischendurch keine Pause einlege, bin ich meist gegen Mittag damit fertig. Vielleicht habe ich das von meiner Feldarbeit übernommen, weil wir Frauen uns dabei auch nicht ausruhen dürfen. Nach dem Frühstück reinige ich die Hütte, wasche die Wäsche und hänge sie auf. Dann ist es oft schon elf Uhr oder später, und falls wir nicht aufs Feld müssen – was leider häufig der Fall ist – gehe ich mit den Kindern rüber zu Nimra. Während meine mit ihren Kindern spielen, können wir uns ausgiebig unterhalten.

Wir besitzen keine eigenen Felder, sondern arbeiten als Tagelöhnerinnen auf denen von anderen. Wir sind auf diese Arbeit angewiesen, auch wenn wir äußerst wenig verdienen. Der Lohn richtet sich nicht nach der Stundenzahl – vorgesehen sind acht, aber meist sind es mehr –, sondern nach der Saison. Vor dem Monsun, also von März bis Mai, sicheln wir Weizen und Gerste. Das ist die wichtigste Ernte, wenn wir Glück haben, bekommen wir hundert Rupien am Tag. Nach der starken Regenzeit, sprich von September bis November, bringen wir Hirse, Reis und Senf ein. Die Bezahlung dafür ist mittelmäßig, wenn wir sechzig Rupien am Tag verdienen, ist das schon gut. Während unseres Winters, also von Dezember bis März, wo wir genau wie während des regenreichen Sommers nichts ernten können, sammeln wir in den Wäldern auf den umliegenden Hügeln Holz, damit die Gutsherren genug zum Heizen haben und sie sogar noch etwas davon verkaufen können. Wir bekommen dafür, wenn es gut läuft, gerade mal achtzig Rupien am Tag. Und das, obwohl es sehr gefährlich ist, weil wir dabei nicht erwischt werden dürfen.

Wir versuchen deshalb, möglichst viel Holz auf einmal zu tragen. Dadurch entsteht ein Wettbewerb unter uns Frauen, in dem ich immer recht gut abschneide. Die anderen wollen mich schon gar nicht mehr mitnehmen, da ich so viel tragen kann. Nimra hat mir mal erzählt, dass sich eines Abends, als wir ins Dorf zurückgekehrt sind, die anderen Frauen über mich beschwert haben: »Die Kleine mit der pinkfarbenen, geblümten *Ghunghat* soll nicht mehr mitkommen, sie lässt ja kein Stückchen Holz zurück.« Dabei bin ich längst nicht mehr so stark, wie ich es früher einmal war.

Inzwischen bin ich zwar fülliger, aber nicht wohlgenährt, was an dem schlechten Essen in Alwar liegt. Außerdem haben mir die Schwangerschaften und Akthars Schläge so zugesetzt, dass ich die schweren Holzbündel jedes Mal, wenn ich sie auf dem Kopf und den Schultern tragen muss, am liebsten gleich wieder hinwerfen würde. Doch ich muss weitermachen, denn ich habe ja schließlich einen Mann und fünf Kinder zu ernähren.

Wenn der Winter vorbei ist, müssen wir wieder auf die Felder, um Weizen und Gerste zu ernten. Das ist noch viel anstrengender als das Holzschleppen. Denn selbst im Frühling ist es in Alwar schon sehr heiß. Jeden Tag schneiden wir das Getreide mit den Sicheln, der Staub kratzt im Hals und durch die Trockenheit springen unsere Lippen auf. Das tut aber nicht so weh wie mein Rücken. Von Tag zu Tag fällt mir das Bücken schwerer.

Weil ich früher zum Frühstück immer nur ein paar *Rotis* gegessen hatte, verließen mich regelmäßig am Nachmittag die Kräfte. Während der Arbeit ist Essen nämlich strengstens verboten. Auf Dauer konnte ich das nicht aushalten. Ich musste mir etwas überlegen, damit ich bei der Feldarbeit nicht umkippte, und entschied mich, eine *Chutney*-Paste aus Salz, Chili, Knoblauch und *Chana* mitzunehmen. Ich rührte die Zutaten zu Hause in einer kleinen Metallschüssel an, füllte die Paste dann in ein Stück Plastikpapier, das ich mir wiederum unter das *Kameez* direkt an die Brust steckte. So wie ich es mit allen wichtigen Dingen mache. Während ich in der prallen Sonne Weizen schnitt, sammelte ich immer wieder Blätter in meiner *Ghunghat,* wie damals die Orchideen mit meinen Freundinnen in Assam.

Und wenn gerade niemand hersah, holte ich das *Chutney* raus, drückte etwas davon auf ein Blatt und aß es. Obwohl das Risiko erwischt zu werden groß war, gab ich auch Nimra etwas vom *Chutney* ab. Für mich war es selbstverständlich, denn wir teilten alles. Sie überließ mir auch immer etwas von dem Obst oder den anderen Speisen, die ihr Mann ihr von seinen Fahrten mitbrachte.

Den anderen Frauen verrieten wir aber nichts von unserem Mundvorrat. Auch wenn wir uns mit ihnen gut verstehen, sind sie doch keine wahren Freundinnen. Die gemeinsame Arbeit auf dem Feld verbindet uns und gibt uns ein Gefühl der Sicherheit, aber sobald sie getan ist, trennen sich unsere Wege und damit endet unser Bündnis auf Zeit wieder. Außerdem traue ich den Menschen in Alwar ohnehin nicht, sie sind missgünstig und sich selbst am nächsten. Bei Nimra und mir ist das anders. Wir helfen uns gegenseitig und sind unzertrennlich. Deshalb versuchen wir auch immer, auf die gleichen Felder zu kommen.

Wenn die Arbeit dort erledigt ist, geht sie zu Hause leider weiter. Denn Akthar macht keinen Finger krumm, es sei denn, zum Rauchen. Auf die Kinder aufzupassen, hat er noch nie als seine Aufgabe angesehen, weshalb das Sheela, die damals selbst gerade erst vier Jahre alt war, übernahm. Konnte sie die Zwillinge nicht bändigen, schlug Akthar ihnen ins Gesicht. Eines Abends fragte sie mich, ob das in Ordnung wäre. Natürlich nicht, dachte ich, aber was sollte ich ihr nur antworten?

»Versuch sie einfach zu beschützen, sie sind deine Familie«, sagte ich ihr, und Sheela bewegte bejahend ihren Kopf leicht hin und her. Ich war froh, dass sie ebenso aufgeweckt und neugierig war wie ich in ihrem Alter. Andererseits machte es mich auch traurig, weil sie dadurch schon früh merkte, was bei uns passierte und wie furchtbar es war.

Auch Kalil wusste das ganz genau. Doch er sagte meistens nichts. Stattdessen versuchte er mich zu unterstützen, wo er nur konnte. Seine Hausaufgaben erledigte er immer gleich, nachdem er aus der Schule kam, damit er mir bei der Zubereitung des Abendessens behilflich sein konnte. Meistens gibt es, genau wie beim Frühstück, Gemüse und *Roti* zum Abendessen.

Um das Fladenbrot zuzubereiten, hocke ich mich auf ein kleines, flaches Holzbänkchen vor den *Chula*. Zum Heizen zünde ich ein paar Holzstöckchen an und stecke sie tief in die Kuhle aus Ton. Dann nehme ich ein Stück Teig, den ich vorher aus Salz, Weizenmehl und Wasser in einer Schüssel zubereitet habe, und forme ihn zwischen den beiden Handflächen zu einer Kugel. Darauf gebe ich etwas Mehl und bilde daraus einen kleinen Fladen, indem ich den

Teig zwischen den Händen immer wieder hin und her drehe und zusammenklatsche. Den Fladen lege ich dann ins Feuer, wo er schnell ein oder zwei große Blasen schlägt und in wenigen Minuten fertig gebacken ist. Ich mache ungefähr vier *Rotis* pro Person, die ich übereinander in einem kleinen Strohkorb staple. Mehr können wir uns nicht leisten.

Das Geld ist wirklich knapp, weshalb es bei uns auch so gut wie nie Fleisch oder Fisch gibt. Nur wenn wir Besuch bekommen, meist von Akthars Geschwistern, stürzen wir uns für sie in Unkosten, und ich kaufe Hühnchen oder Rind. Ein Kilogramm kostet rund sechzig Rupien. Für uns ist das viel Geld, denn so viel verdiene ich manchmal an einem ganzen Tag. Das Fleisch koche ich dann anstelle des Gemüses in einem kleinen Topf auf dem *Chula* und gebe noch *Ghee* (Butterschmalz) und *Masala* dazu. Die Gewürzmischung besteht in der Regel nur aus Chili, Senf, Knoblauch und Zwiebeln, die meist Kalil klein schneidet, wobei seine Augen tränen. Doch er wischt sich seine Tränen weg und holt danach noch für alle Wasser zum Trinken.

Dann setzen wir uns gemeinsam auf ein Tuch auf dem Boden, und ich fülle das Essen in kleine Metallschüsseln. Dazu gibt es *Roti.* Zarina lutscht meistens nur etwas am Fladenbrot und ist deshalb noch ziemlich mager. Ich versuche sie immer wieder zu ermutigen, ihr *Roti* wie die anderen in die Metallschüsseln zu tunken. Doch sie möchte am liebsten noch wie die Zwillinge von mir gefüttert werden. Sie entwickelt sich nur langsam und ist sehr in sich gekehrt. Hin und wieder bleibe ich deshalb mit ihr vor den Schüsseln sitzen, bis sie schließlich auch etwas isst. Doch sie ist nicht die Einzige, die meine Aufmerksamkeit braucht. An anderen Abenden packt mich Akthar, zerrt mich in eine Ecke und fällt über mich her. Kalil bringt dann seine Geschwister ins Bett.

Wenn ich danach weine, fängt Kalil auch an zu heulen und wischt sich seine Tränen anders als beim Zwiebelschneiden nicht weg. Aber ich sage ihm dann: »Ich weine nicht wegen deines Vaters, sondern weil ich Halim und Assam so vermisse.« Doch Kalil hat inzwischen schon gemerkt, dass das nicht stimmt und Akthar der Grund für meinen Kummer ist.

Einmal wurde Kalil so wütend, dass er zu Akthar sagte: »Rede nicht so mit meiner Mutter, alles was sie macht ist gut. Du bist derjenige, der alles falsch …« Noch bevor er ausgesprochen hatte, prügelte Akthar hemmungslos auf ihn ein. Ich drängte mich zwischen beide und bekam die Schläge ab. Akthar schubste mich beiseite, um weiter auf Kalil einzudreschen. Aber ich riss ihn in meinen Armen mit auf den Boden, um ihn so vor noch mehr Hieben zu schützen. Akthar verließ die Hütte, um draußen eine Zigarette zu rauchen.

Heulend richteten Kalil und ich uns langsam auf, und ich versuchte meinen Sohn zu beruhigen. Ich umarmte und streichelte ihn. Doch am Ende ist Akthar immer stärker als wir beide, weshalb ich Kalil stets versuche davon abzuhalten, sich mit ihm anzulegen;

leider gelingt es mir nicht immer. An sich ist er ein zurückhaltender Junge, aber sobald er das Gefühl hat, mich beschützen zu müssen, vergisst er alles um sich herum. Das würde ich auch manchmal gerne. Aber da das nicht möglich ist, renne ich, wenn es mir wegen Akthar wieder schlecht geht, oft zu Nimra. Ich bin so froh, dass ich endlich eine Freundin wie sie gefunden habe.

Wir verstehen uns sehr gut, weil wir ähnliche Schicksale haben. Nimra redet nicht gerne davon, aber einmal erzählte sie mir doch ihre Geschichte: Sie war elf Jahre alt, als eine Bekannte ihrer Familie in Bangladesch versprach, Nimra nach Indien zu bringen, damit sie dort ein besseres Leben habe. Sie sollte als Haushaltshilfe anfangen, aber zwischendurch immer wieder die Möglichkeit haben, in ihre Heimat zurückzukehren. Doch sie kehrte nie zurück. Stattdessen wurde sie – genau wie ich – für 10 000 Rupien an einen Mann in Rajasthan verkauft, den sie heiraten sollte. Sie wehrte sich dagegen, weil er sie misshandelte. Das bekam ein anderer Mann mit, der so nett zu Nimra war, wie niemand sonst, seit sie Bangladesch verlassen hatte. Sie verliebte sich in ihn, obwohl er dreißig Jahre älter war als Nimra, und sie heirateten.

Als Nimra mir das erzählte, konnte ich es erst gar nicht glauben, dass sie aus Liebe geheiratet hatten. Denn inzwischen misshandelt ihr Mann sie jedes Mal, wenn er von seinen Fahrten aus Gujarat kommt. Nimra ist deswegen froh, dass er meistens dort ist. »Dabei hat alles so schön angefangen«, sagte sie etwas verträumt. Damals hatte ihr heutiger Ehemann vorgegeben, sie zu retten, und sie dem vorherigen Mann abgekauft, damit sie heiraten konnten. »Doch dann zeigte er sein wahres Gesicht«, erzählte Nimra mir wütend und verletzt. Wir beide haben gebrochene Herzen. Aber im Gegensatz zu mir leidet Nimra viel mehr als ich, weil sie ihren Mann anfangs geliebt hat. Inzwischen weiß auch sie, wie es ist, ein Leben in Angst zu führen, und dass man sich ablenken muss, um die Phasen der Niedergeschlagenheit zu überstehen. Darin ist Nimra äußerst gut. Sie erzählt die besten Witze, die ich seit meiner Zeit in Assam gehört habe. Ich selbst traute mich hier in Alwar lange Zeit nicht herumzualbern, dazu war ich viel zu eingeschüchtert. Nimra zwar auch, aber manchmal, wenn sie sich sicher sein kann, dass niemand kommt, fängt sie wild an zu singen und zu tanzen. Beides kann sie ausgesprochen gut. Dafür dreht sie sich meist auf einem Fuß um ihre eigene Achse und stampft mit der Ferse des anderen den Takt gleichmäßig auf den Boden. Dabei rasseln ihre silbernen Kettchen an beiden Fußgelenken. Gleichzeitig schlängelt sie dazu den einen Arm stilvoll durch die Luft. Mit dem anderen greift sie immer nach mir, um mich auch zum Tanzen aufzufordern.

Anfangs zierte ich mich, weil ich nicht so gut tanzen kann wie sie. Ich hatte es ja nie gelernt. Außerdem wussten wir beide, dass es *haram* ist, und hatten Angst, erwischt zu werden. Deswegen schloss Nimra auch immer die Tür. Nach einiger Zeit wagte ich es,

mit ihr zu tanzen, wobei meine vielen bunten Armreifen laut klimperten. Wie befreiend und schön waren diese wenigen Minuten, in denen wir uns amüsie-
ren konnten. Dafür bin ich Nimra auch heute noch
dankbar. Sie ist eine wahre Freundin, zwar nicht die
einzige, aber die beste.

Eines Tages, als ich auf dem Weg vom Basar zurück
in die Hütte im überfüllten Sammeltaxi saß, unterhielten sich in meiner Nähe leise drei Frauen. Nach
einer Weile meinte ich zu erkennen, dass sie *Assami,*
die Sprache meiner Heimat, redeten. Doch im Sammeltaxi war es wie immer so laut, dass ich mir nicht
sicher war. Als eine alte Frau ausstieg, setzte ich mich
neben die drei Frauen, lauschte und vernahm sie deutlich meine Muttersprache sprechen. Hocherfreut begrüßte ich sie auf *Assami.*

Verwundert schauten sie mich an und wollten wissen, ob ich auch aus Assam käme. Das bejahte ich und
fragte sie, wo sie leben würden. Es stellte sich heraus,
dass sie nur ein paar Dörfer entfern von mir wohnten und ich zu Fuß zu ihnen wahrscheinlich weniger
als eine Stunde unterwegs wäre. Und da wir uns auf
Anhieb gut verstanden, wollten wir uns wiedersehen.
Doch das war nicht so leicht. Denn unsere Männer
sollten nichts davon erfahren, und in den Dörfern
werden die Leute sofort neugierig, wenn sie eine fremde Person sehen, und fangen an zu reden. Wir mussten also vorsichtig sein.

Nachdem wir die ganze Fahrt über miteinander ge-
redet hatten, stellten wir fest, dass wir bei der glei-

chen Frau Kartoffeln kaufen, und verabredeten uns daher dort.

Ich war mir sicher, dass Nimra meine neuen Freundinnen aus Assam auch mögen würde, weshalb ich sie fragte, ob sie zu unserem ersten Treffen mitgehen wolle. Nimra zögerte zuerst, war dann aber einverstanden.

Wenige Tage später ging ich also, nachdem ich wie immer die Hütte geputzt hatte, zu ihr, um sie abzuholen. Aber sie hatte auf einmal keine Lust mehr, mich zu begleiten. Ich war überrascht und fragte sie, warum sie ihre Meinung plötzlich geändert hätte. Nimra antwortete mir nicht. Was sollte ich nun tun?

Eigentlich hatte ich vor dem Treffen noch *Pakoras* für die neuen Freundinnen machen wollen. Denn ich hatte ihnen vorgeschwärmt, wie gut ich das in Kichererbsenmehl frittierte Gemüse zubereiten kann. Doch jetzt war es mir wichtiger, zu erfahren, warum Nimra nicht mehr mitkommen wollte. Auf meine diesbezügliche Frage erklärte sie mir, ihr Mann würde es nicht gerne sehen, wenn sie außer Haus sei, und sie befürchte, dass er dieses Mal früher als sonst zurückkomme. Ich sprach ihr gut zu und sagte ihr, dass ich mich so auf ihre Begleitung gefreut hätte. Nimra entgegnete mir barsch, ich solle ihr diese Entscheidung überlassen. Wir stritten noch eine Weile, bis ich ging, um nicht zu spät zu kommen.

Ich fühlte mich aber nicht wohl, weil Nimra und ich im Streit auseinandergegangen waren und ich für meine neuen Freundinnen keine *Pakoras* dabeihatte.

Damit es nicht ganz so auffiel, nahm ich etwas von dem *Chutney* mit, das ich für die Gemüsetaschen zubereitet hatte. So konnte ich meinen Freundinnen immerhin erzählen, dass ich die *Pakoras* in meiner Hütte hatte stehen lassen. Doch als ich ohne den Imbiss ankam, waren sie sehr enttäuscht.

Auch ansonsten war das Treffen für mich nicht besonders schön, weil ich in meinen Gedanken immer noch bei Nimra war. Unsere Auseinandersetzung hatte mich wirklich traurig gestimmt und verletzt. Dann klingelte auf einmal das Mobiltelefon, das Akthar mir für seine Kontrollanrufe immer mitgibt, wenn ich alleine unterwegs bin. »Wo bist du?«, brüllte er mich an. »Ich bin Kartoffeln holen, so wie immer«, sagte ich ganz ruhig, damit er keinen Verdacht schöpfte. »Komm sofort zurück!«, befahl er mir. »*Aja* (okay)«, sagte ich und legte auf.

So schnell ich konnte, lief ich zurück und war nach einer halben Stunde wieder in der Hütte. Dort erwartete Akthar mich schon. »Du *Paro* wagst es also, deinen Ehemann anzulügen?«, schrie er mich an und schlug mir brutal ins Gesicht. »Ich weiß ganz genau, wo du warst!«, brüllte er. »Was meinst du denn?«, fragte ich. »Tu nicht so, ich habe mit Nimra gesprochen«, schnauzte er mich an. Entsetzt und enttäuscht über Nimras Verrat starrte ich ihn an und sagte kein Wort mehr. »Da verschlägt es dir wohl die Sprache!«, schrie Akthar. Ich senkte den Kopf und zupfte nervös die überstehenden Fäden meines *Kameez* ab. Kalil war inzwischen mit den Zwillingen vor die Tür zum

Spielen gegangen. Sheela setzte sich zu Zarina, die zu-
sammengekauert und zitternd in einer Ecke der Hütte hockte.

»Deinen Mund hättest du mal besser im Sammeltaxi halten sollen, anstatt mit den fremden Weibern
zu tratschen!«, schimpfte Akthar.

Dabei hatte er mir nur verboten, mit fremden Männern zu sprechen. Ich verstand seine Wut nicht. Hatte
ich doch stets all seine Vorschriften für Fahrten mit
dem Sammeltaxi befolgt: mich immer an den Aus-
gang zu setzen, damit ich schnell aussteigen kann,
falls mir jemand zu nahe kommt; nicht spät abends
unterwegs zu sein, Genitalbereich und Brüste immer
gut zu bedecken und natürlich niemals die *Ghunghat* abzunehmen.

Genau das tat Akthar nun aber selbst und zog mich
komplett aus. Wie gewöhnlich wehrte ich mich nicht.
»So leicht bist du zu haben, du scheinst es wirklich
dringend zu brauchen!«, brüllte er mich an. Er drang
in mich ein. Wieder einmal grob und brutal. Aber
es dauerte zum Glück nicht lange. Danach ließ er
mich wie immer liegen und ging vor die Hütte zum
Rauchen.

Mehr als die Schmerzen, die mir Akthar zugefügt
hatte, plagte mich die Frage, warum Nimra Akthar
von meinen neuen Freundinnen erzählt hatte. War sie
eifersüchtig? Ich verstand nicht, was sie damit be-
zweckte. Weil Akthar mich streng im Visier hatte,
konnte ich an den nächsten Tagen nicht zu ihr gehen. Außerdem war ich auch wütend auf sie. In den

Nächten machte ich kein Auge zu, weil meine Gedanken wild in meinem Kopf kreisten und es mir wehtat, so von meiner besten Freundin verraten worden zu sein. »Du solltest zu ihr gehen«, sagte Kalil eines Abends ganz einfühlsam zu mir. Er schien wirklich immer zu spüren, was in mir vorging, und fühlte auch jetzt, dass mich etwas bedrückte. Er hatte recht, und so ging ich am nächsten Tag, nachdem ich die Hütte geputzt hatte, zu ihr.

Inzwischen war mehr als eine Woche vergangen, seitdem ich Nimra das letzte Mal gesehen hatte. Als ich zu ihrem Haus kam, stand Nimra vor dem Baum. An einem seiner Äste war ein Seil befestigt, an dem ihre zwei kleinen Töchter hin und her schaukelten. Ich ging zu ihr und all mein Kummer brach aus mir heraus: »Wie konntest du Akthar das nur verraten?«, fragte ich sie. Nimra schwieg, schubste ihre zwei Töchter noch ein letztes Mal an und ging dann ins Haus. Ich folgte ihr und stellte sie weiter zur Rede: »Du weißt, was ich meine.« Nur ein schwaches »Ja« kam über ihre dünnen Lippen. »Und ich dachte, ich kann dir vertrauen«, stotterte ich enttäuscht. Dann fing ich an zu weinen. Nimra schaute mich nur schweigend an.

»Wir sind doch allerbeste Freundinnen«, sagte ich unter Tränen. »Wir essen vom gleichen Teller, und du machst einfach so ein Loch rein – warum nur? Wie soll das in Zukunft denn mit uns weitergehen?« Nimra schwieg weiter, legte aber dafür wie immer, wenn ich erregt war, liebevoll den Arm um mich.

Nimra geht anders mit Streit um als ich. Sie lässt

sich nicht aus der Ruhe bringen und sagt nicht viel. Vielleicht, weil sie in ihrem Leben schon mehr Auseinandersetzungen mitgemacht hat als ich, weil sie älter ist als ich und einfach erschöpft von all diesen Streitereien. Normalerweise hatte ich dafür auch Verständnis, aber heute konnte ich ihr Verhalten nicht akzeptieren. Immerhin ging es um unsere Freundschaft, das Einzige neben meinen Kindern, was mir seit Langem wichtig war. Das versuchte ich ihr klarzumachen und redete daher ununterbrochen auf sie ein.

»Ich wünschte, ich hätte noch deine Energie«, sagte sie auf einmal. »Und deinen Mut«, fügte sie hinzu. Daraufhin hielt ich inne, um darüber nachzudenken. Ich schaute mich um und sah Erdbeeren und Mangos auf einem kleinen Holzhocker liegen. Ein Zeichen dafür, dass Nimras Mann da gewesen war, denn er brachte immer Obst mit, das es in Alwar nicht gibt. »Ist er früher gekommen als erwartet?«, fragte ich sie. Denn das hatte sie ja ursprünglich als Ausrede für ihr Fernbleiben von dem Treffen mit meinen Assam-Freundinnen verwendet.

»Ja«, sagte sie und setzte sich, wobei sich ihre *Salwar* etwas hochschob und frische, große Blutergüsse an ihren Beinen sichtbar wurden. »Hat er dir das wieder angetan?«, fragte ich ganz vorsichtig. Aber sie wollte nicht darauf antworten und sagte stattdessen: »Wenn ich es Akthar nicht erzählt hätte, hätten die Männer mich wahrscheinlich gemeinsam totgeschlagen.« Sie begann zu weinen und fragte mich schluchzend: »Und wer passt dann auf meine Töchter auf?«

Jetzt nahm ich sie schweigend in den Arm. Sie hat es wirklich noch schlimmer als ich. Denn ihr Mann vergewaltigt nicht nur sie, sondern auch ihre Töchter, sobald sie älter als zehn Jahre sind. Ich war froh, dass Zarina und Sheela noch jünger waren. Doch ich hatte Angst, dass Akthar sich bald auch an ihnen vergreifen könnte.

In diesem Moment war es aber erst einmal wichtiger, dass Nimra sich wieder beruhigte. Als das der Fall war, erzählte sie mir, dass Akthar völlig erzürnt in ihr Haus gestürmt sei, kurz nachdem ihr eigener Mann gerade daheim angekommen war. Der wiederum war entsetzt, dass Nimra Kontakt mit einem fremden Mann hatte. Aber anstatt Akthar damit zu konfrontieren, ließen beide Männer ihre Wut an ihr aus. Nimras einziger Ausweg war, die Wahrheit zu sagen. »Es tut mir so leid«, sagte Nimra zu mir. »Nein, mir tut es leid, dass ich dich in so eine Situation gebracht habe«, sagte ich. »Das wird niemals wieder vorkommen, das verspreche ich dir, meine Liebe!«

Ich fühlte mich schlecht und machte mir Vorwürfe: Wieso hatte ich geglaubt, Nimra hätte mich freiwillig verraten? Was war in mich gefahren? Ich wusste doch, dass ich ihr absolut vertrauen konnte und dass sie mich nie enttäuschen würde. Ich hatte ein schlechtes Gewissen, wusste nicht, wie ich mich jetzt ihr gegenüber verhalten sollte, und fragte sie daher: »Kann ich irgendetwas für dich tun, meine Süße?« Nimra schwieg, dann sagte sie: »Nein, aber bitte pass auf dich auf.«

Ich bewegte meinen Kopf verständnisvoll leicht hin und her und versicherte ihr immer wieder, dass sie sich auf mich verlassen könne, uns nichts auseinanderbringen werde, und entschuldigte mich mehrere Male bei ihr. Aber Nimra hörte mir nicht mehr zu. Sie war ganz in Gedanken verloren.

6

Warum dürfen wir nicht selbst entscheiden?

In Staaten wie Rajasthan müssen sich Frauen komplett verhüllen

Als ich Nimra das nächste Mal besuchte, war sie nicht allein. Eine korpulente Frau stand mit ihr vor dem Haus. Nimra sah mich bereits vom Weiten kommen und bewegte ihren Kopf leicht hin und her, das bejahende Zeichen, um mir zu symbolisieren, dass ich keine Angst zu haben brauchte. »*Salam Aleikum*«, begrüßte ich beide, und sie antworteten mit »*Aleikum Salam*«.

Wir gingen ins Haus, und die Frau, die man aufgrund ihres Körperumfangs auch als *Moti* bezeichnen könnte, setzte sich im Schneidersitz auf ein Bettgestell. Nimra brachte uns *Chai* und Kekse, welche die Fremde hastig aß. Sie bat Nimra und mich, uns auf das Gestell ihr gegenüber zu setzen. Dann trank sie ihren *Chai* in einem Zug aus, stellte den leeren Metallbecher auf die Erde unter das Bettgestell, legte ihre in ein geblümtes *Kameez* gehüllten Unterarme auf ihre Knie und sagte: »Mein Name ist Thanusiya, und ich will euch helfen.«

Etwas verwundert schauten Nimra und ich uns an. »Wie meinst du das?«, sagte ich. »Wie bist du überhaupt auf uns gekommen?«, fragte Nimra. »Ich möchte *Paros* finden, um mit ihnen über ihre Situation zu sprechen«, antwortete Thanusiya. Aber woher wusste sie, dass wir *Paros* waren, fragte ich mich, und

Nimra schien es ähnlich zu gehen. Wir nippten etwas verlegen an unserem Becher mit *Chai*. Thanusiya sah uns beide an und sagte: »Ich bin über Nimras Schwager zu euch gekommen.«

Da er Arzt ist, hatte Thanusiya ihn eines Tages unter dem Vorwand aufgesucht, Medikamente von ihm zu bekommen. Aber in Wirklichkeit wollte sie sich bei ihm nach den *Paros* im Dorf erkundigen. Er erzählte ihr, dass neben seiner Schwägerin Nimra noch weitere *Paros* im Ort leben würden, es aber schwierig sei, mit ihnen in Kontakt zu kommen. Er bot sich an, ihr dabei zu helfen, und brachte sie zu Nimra. So trafen wir Thanusiya zum ersten Mal.

Im Anschluss an diesen Bericht erzählte uns Thanusiya ihre Geschichte. Nach wenigen Sätzen wurde uns klar, dass auch sie eine von uns ist, eine *Paro*. Sie stammt aus dem benachbarten Bundesstaat Gujarat, wo Nimras Mann arbeitet, und wurde nach Alwar gebracht, um dort als Braut verkauft zu werden. Sie war damals noch jung und naiv und ihre Eltern waren – genau wie meine Mutter – zu gutgläubig und vertrauten den Versprechungen der Vermittler, dass Thanusiya in Alwar ein besseres Leben haben werde. Doch wie alle verschleppten Frauen wurde sie durch den Verkauf entehrt. Sie wurde geschlagen und weinte tagelang. Ihr Mann vergewaltigte sie regelmäßig. Aber auch ihr Schwager schlug sie immer wieder so lange, bis Blut aus ihrem Mund floss. Ihre Kinder mussten alles mit ansehen und wurden ebenfalls misshandelt und geschlagen. Nur ihre Schwiegermutter war nett zu ihr und stand ihr bei. Das erinnerte mich an Kamla, und meine Augen füllten sich mit Tränen. Thanusiya zog ihre *Salwar* hoch und zeigte uns ihre Narben. Sie sind meinen sehr ähnlich.

Thanusiya erzählte uns weiter, dass sie genau wie wir das Haus zuerst gar nicht und später nur zum Einkaufen verlassen durfte. Dabei traf sie eines Tages Maya, der sie ihre Not anvertraute. Diese brachte Thanusiya daraufhin zu ihrem Bruder, der bei der Polizei arbeitet. Doch Thanusiya erstattete keine Anzeige. Denn die Polizisten auf der Station flößten ihr Angst ein und ließen sie wissen, dass sie kein Recht hätte, sich über ihren Ehemann zu beschweren, und dass es besser wäre, sich seinem Willen zu fügen.

Kurze Zeit später begann Thanusiya in einer Biskuitfabrik zu arbeiten. Das gab ihr wieder Mut und gleichzeitig neuen Freiraum, den sie nach und nach für sich ausbaute. Sie ließ sich von ihrem Sohn, der es geschafft hatte, Lehrer in Neu-Delhi zu werden, den Weg in die Hauptstadt zeigen. Inzwischen findet sich Thanusiya dort sogar ganz alleine zurecht. Aber sicher fühlt sie sich in Neu-Delhi nach wie vor nicht. »Frauen, die nicht aufpassen, werden verkauft«, warnte sie uns. Dann hielt sie inne. Denn einer meiner rotgoldenen Armreifen aus Plastik war zerbrochen, weil ich vor lauter Nervosität zu viel damit rumgespielt hatte. Aber ich ließ die Plastikteile einfach im Sand liegen und klopfte ihr vorsichtig aufs Bein, damit sie weitererzählt, was sie auch gerne tat.

Da Thanusiya eine *Paro* ist und diese als unrein gelten, wurde sie von der Dorfgemeinde nicht akzeptiert und von deren Aktivitäten ausgeschlossen. Doch als sie Anfang vierzig war, so alt wie Nimra damals, wollte sie sich das nicht länger gefallen lassen. Frauen in Alwar werden geschlagen und schlechter behandelt als Tiere, sagte sie sich, dagegen muss ich etwas tun. Dabei helfen wollte ihr ein Anwalt, mit dem sie bei einem ihrer Besuche in der Stadt ins Gespräch gekommen war. Sehr ungewöhnlich in Alwar, dachte ich.

Thanusiya erzählte, dass der Anwalt selbst zwei Töchter hatte und sie unterstützen wollte, weil er sich wünscht, dass sich die Situation für sie und alle anderen Frauen in Indien verbessert. »Anwälte arbeiten mit Stiften, ich aber mit meinem Kopf«, sagte sie und tippte sich dabei mit ihrem gestreckten Zeigefinger auf die Schläfe, »und so kann ich auch etwas verändern, obwohl ich genau wie ihr nicht lesen und schreiben kann«.

Ich war fasziniert von dieser selbstbewussten Frau, und ich spürte, dass ich viel von ihr lernen würde. Sie war schon über sechzig und fest dazu entschlossen, jeden Tag bis zu ihrem Tod für ihre Rechte und die der anderen Frauen zu kämpfen. »Ich will euch ermutigen, auch über euer Schicksal zu reden, so wie ich es eben getan habe«, sagte Thanusiya. Doch Nimra hatte Angst: »Dann werden uns die Männer schlagen, weil wir Schande über sie bringen.« Verständnisvoll sagte Thanusiya: »Ich verstehe eure Angst, aber wenn ihr euch öffnet, wird euch das helfen, mit euren Erlebnissen besser umzugehen, und ihr werdet dadurch immer stärker werden.« Dafür bräuchte es aber Ruhe, Raum und Zeit, erklärte uns Thanusiya. Und die zu finden war schwer. Das wussten wir alle. Denn wir müssen nicht nur viel arbeiten, sondern uns auch bei unseren Männern aufhalten, weil diese misstrauisch werden, sobald wir Frauen alleine sind.

»Das war genug für heute, ich werde versuchen wiederzukommen«, sagte Thanusiya dann etwas abrupt. Sie ging zum Brunnen, hielt ihren Kopf leicht schräg unter die Pumpe, zog am Schwengel, trank noch einen kräftigen Schluck Wasser und verabschiedete sich. Ich sollte mich auch besser auf den Heimweg machen, damit ich keinen Ärger mit Akthar bekomme, dachte ich. Also rief ich Sheela zu mir, die mit den Zwillingen und Nimras Kindern auf den Zwiebelfeldern hinterm Haus spielte. Ihre Schwester Zarina war die ganze Zeit über bei mir geblieben. Sie wich nie von meiner Seite, was mir ein wenig Sorgen bereitete, weil ich mir nicht sicher war, wie sie später, wenn sie in die Schule ging, die Trennung von mir verkraften würde. Sheela war anders als Zarina und kam erst nach wiederholten Rufen mit Salim und Sahid zu mir.

Wir verabschiedeten uns von Nimra und ihren Kindern und liefen Akthar direkt in die Arme. »Ich dachte schon, ihr kommt gar nicht mehr!«, herrschte er mich an. »Wie du siehst, sind wir auf dem Weg«, sagte ich und war froh, dass er nicht danach fragte, was ich so lange bei Nimra gemacht hatte. »Wird auch Zeit, denn die *Rotis* backen sich schließlich nicht von alleine«, sagte er, riss die Zwillinge an sich und ging zurück zur Hütte. Die Mädchen und ich trotteten hinterher.

Akthar erzählte ich erst nichts von meinem Treffen mit Thanusiya. Aber da sie seit jenem Tag regelmäßig zu Nimra kam, mussten wir unseren Männern irgendwann doch etwas von ihren Besuchen sagen. Zum Glück war Thanusiya sehr gut darin, sich immer neue Gründe auszudenken, weshalb sie uns sehen musste. Zum Beispiel, dass sie gerade in der Gegend sei und uns etwas aus der Stadt vorbeibringen wolle. Würden unsere Männer von den Lügen erfahren, müssten wir alle leiden. Denn die Gewalt gegen ihre Frauen rechtfertigen sie meist damit, dass diese sich nicht richtig verhalten hätten.

»Aber es ist völlig egal«, sagte Thanusiya erregt, »weshalb eine Frau misshandelt wird, keiner sollte Gewalt widerfahren.« Häufig seien die Gründe, die Männer für ihren Machtmissbrauch anführen, noch nicht einmal verständlich. Die Töchter von *Paros* werden beispielsweise vergewaltigt, nur weil sie die Töchter von *Paros* sind, und viele Männer denken, sie können mit ihnen machen, was sie wollen. Damit meinte Thanusiya nicht nur die Ehemänner, wie es bei Nimra der Fall ist, sondern auch fremde Männer. Erfährt Thanusiya von einer derartigen Vergewaltigung, geht sie sofort vor Gericht. Da die meisten missbrauchten Mädchen aber wenig oder gar kein Geld haben, versucht Thanusiya Probono-Rechtsanwälte zu finden, die keine oder nur eine geringe Gebühr verlangen, und das Gerichtsverfahren zu beschleunigen. Thanusiya hilft nicht nur diesen vergewaltigten Mädchen, sondern auch Frauen wie uns.

Doch viele Männer empfinden es als Bedrohung, wenn jemand versucht, die Rechte der Frauen zu stärken, weshalb sie Thanusiya schlechtmachen und ihr Geldgier vorwerfen. Und das, obwohl sie mit Abstand die selbstloseste Person ist, die ich kenne: Sie nimmt kein Geld, und sie will auch nichts für ihre Hilfe haben. Besonders schlimm findet Thanusiya es, wenn ihr jemand unterstellt, sie würde Schmiergeld annehmen. »Dann raste ich schon mal aus und stelle die Übeltäter zur Rede, denn so etwas lasse ich mir nicht nachsagen«, erklärte sie uns einmal erregt.

All die Anfeindungen halten Thanusiya jedoch nicht davon ab, sich weiterhin um misshandelte Frauen zu kümmern, unabhängig davon, ob es sich in der Öffentlichkeit oder zu Hause ereignet. Sie erzählte uns zum Beispiel von einer Frau, die zu ihr kam und sie um Hilfe bat, weil ihr Mann sie brutal verprügelt hatte. Thanusiya ging mithilfe eines Anwalts vor Gericht, wo sich der Ehemann entschuldigte. Daraufhin musste die Frau wieder zu ihm zurück. Als Thanusiya sie später in ihrem Haus besuchte, war sie in einem ziemlich schlechten Zustand. Ihr Mann und seine Geschwister hatten die Mutter von acht Kindern erneut so grausam geschlagen, dass sie fast verblutet wäre. Thanusiya brachte die Frau ins Krankenhaus und ging wieder vor Gericht. Doch das schickte die Frau erneut zurück zu ihrem Mann. Thanusiya konnte das nicht fassen und sprach ein weiteres Mal mit dem Richter. Der war jedoch davon überzeugt, ein gerechtes Urteil gefällt zu haben.

Also musste Thanusiya andere Mittel und Wege finden, um der Frau und anderen *Paros* dabei zu helfen, dass sie nicht mehr so unmenschlich behandelt und weiterverkauft werden. Sie ging deshalb zum *Panchayat* und schaffte es sogar, dass die fünf weisen Männer sie anhörten, als sie über die schwierige Situation der *Paros* sprach.

Gerichtsverhandlungen und Auftritte vor dem *Panchayat* sind auch für Thanusiya nicht ungefährlich. Provoziert sie jemanden dort zu sehr, muss sie als *Paro* selbst um ihr Leben fürchten. Und sogar wenn sie eine Frau vor ihrem gewalttätigen Mann schützen kann, ist diese Frau noch lange nicht sicher. »Die Wahrscheinlichkeit, dass sie wieder Gewalt erfährt oder erneut zwangsverheiratet wird, ist sehr groß«, erzählte uns Thanusiya deprimiert. Wenn sie mal so einen seelischen Tiefpunkt erreicht, bauen sie ihre Mitstreiter wieder auf. Etwa der Anwalt, der Thanusiya vor Gericht vertritt, oder Raj, ein junger Mann Mitte zwanzig aus Bihar, einem Staat im Osten des Landes, der sie seit einigen Jahren bei ihrer Arbeit unterstützt und den sie eines Tages mitbrachte, um ihn uns vorzustellen.

Raj hatte aufgrund eines Vorfalls in Alwar, der im ganzen Land für viel Aufsehen gesorgt hatte, damit begonnen, sich für die Rechte von *Paros* einzusetzen. Ein zwölf Jahre altes Mädchen war damals am Tag ihrer Hochzeit auf dem Weg zum Dorf des Bräutigams von dessen Verwandten im Auto vergewaltigt worden. Anschließend wurde die junge *Paro* im Haus ihrer Schwiegereltern weiter misshandelt und brutal gefoltert. Als Raj davon erfuhr, war er so entsetzt, dass er beschloss, Thanusiya zu helfen.

Nun stand Raj da und lächelte uns freundlich an. Irgendwie wirkte er gleich wie ein großer Bruder auf mich. Sein schwarzes dichtes Haar glänzte in der Sonne. Er trug hellblaue Jeans und schwarze Turnschuhe. Er musste also wohlhabend sein, dachte ich. Andererseits war er so mager, dass er sich nur wenig zum Essen kaufen konnte, so vermutete ich. Als er aber auf einmal ein Gerät aus seiner dunkelroten Umhängetasche zog, das aussah wie ein flacher kleiner Computer, den man allerdings nicht aufklappen musste, und mit seinen knochigen Fingern begann, darauf herumzutippen, war mir klar, dass er zumindest reicher sein musste als wir.

Auch Akthar, den ich diesmal, wie mich Thanusiya gebeten hatte, zu unserem Treffen mitbrachte, worüber ich mich wunderte, war sofort angezogen von dem Gerät und seinem Besitzer. Er setzte sich mit ihm und Nimras Mann in den Schatten. Raj stellte sich ihnen vor: »Ich heiße Raj und ich interessiere mich für euer Dorf.« Etwas verdutzt schauten die zwei Männer ihn an und reagierten nicht auf seine Worte, sie wollten lieber wissen, was das für ein wundersames Gerät sei. »Es ist ein Tablet«, sagte Raj und begann, ihnen auf Hindi zu erklären, wofür man es verwendet. Akthar wollte auch gleich mit seinen schmalen

Fingern darauf herumtippen. Raj gefiel das aber nicht und zog das Tablet leicht beiseite.

Daraufhin holte Akthar seine Zigaretten heraus. »Kennst du die?«, fragte er Raj. Der schüttelte den Kopf. »Das sind *Bidis*«, sagte Akthar stolz und legte eine aus dem in Zeitungspapier gewickelten Dutzend, das er stets dabeihatte, in seine Handfläche. »Du immer mit deinen kleinen Dingern«, sagte Nimras Mann belustigt und ging ins Haus, um sich eine Wasserpfeife zu holen. Doch Akthar präsentierte Raj seine Zigaretten. Am letzten Drittel der trichterförmig gedrehten mittelbraunen Blätter sind die *Bidis* noch einmal mit einem kleinen dünnen roten Faden umwickelt, erklärte ihm Akthar, während er diesen löste. Dann öffnete sich die Zigarette und der Tabak im Blatt kam zum Vorschein. Er ist etwas heller als das Braun des Blattes selbst, relativ trocken und äußerst bröselig.

»Riech mal«, forderte Akthar Raj auf, welcher der Aufforderung höflich lächelnd nachkam. Auch Akthar roch am Tabak, dann rollte er das Blatt wieder vorsichtig zusammen und band den Faden drum herum. So behutsam, wie ich ihn noch nie zuvor etwas hatte machen sehen. Dann zündete er die Zigarette mit einem Streichholz an und reichte sie Raj. Dieser nahm ein paar Züge und gab sie Akthar zurück. Der zog wie gewöhnlich lange und tief an seiner *Bidi,* bis nur noch ein ganz kleiner Stummel davon übrig war, den er gerade noch zwischen seinen Fingernägeln festhalten konnte.

Nimras Mann war inzwischen mit der Wasserpfeife

zurückgekommen und bot sie den Männern an. Akthar mochte nicht, Raj dagegen schon. Er und Nimras Mann wechselten sich beim Rauchen ab und reichten sich, nachdem sie einen Zug an der Pfeife getan hatten, jeweils den langen Schlauch. Immer wieder machte es ein blubberndes Geräusch, und es roch fruchtig. Akthar hatte sich mittlerweile schon längst wieder seine nächste Zigarette angesteckt.

Während die Männer redeten und rauchten, hatten Thanusiya, Nimra und ich Zeit, uns in Ruhe zu unterhalten. Weil sie auch unsere Lebensgeschichte hören wollte, habe sie Raj mitgebracht, damit er mit den Männern spricht und sie abgelenkt. Jetzt mussten wir nicht befürchten, bei einem unserer geheimen Treffen mit Thanusiya von ihnen ertappt zu werden, und fühlten uns zum ersten Mal in der Lage, ihr mehr von uns zu erzählen. Nimra und ich hatten außer untereinander bislang noch nie mit jemandem über unsere Erlebnisse gesprochen.

Es ist nicht leicht, darüber zu reden. Die Erinnerungen sind so schmerzhaft, dass jede von uns versucht, sie zu verdrängen. Aber nun erzählten wir Thanusiya unsere Lebensgeschichte. Nimra begann, und dann berichtete ich aus meinem Leben. Thanusiya hörte einfühlsam zu und war wie eine weise Mutter für uns. Sie hatte erlebt, was wir erlebt haben, weshalb wir uns ihr anvertrauen konnten. Durch ihren Kampf gab sie uns neuen Mut. Es tat mir gut, ihr meine Erlebnisse erzählt zu haben, und ich fühlte ganz stark, dass mir dadurch leichter ums Herz wurde.

Thanusiya besuchte uns danach häufiger als zuvor. Zwar durfte Akthar immer noch nicht wissen, worüber wir redeten. Aber er hatte nichts dagegen, wenn wir uns trafen. Denn Raj hatte ihm erzählt, dass sie uns zu Näherinnen ausbilden wollten und wir damit viel Geld verdienen würden. Das gefiel Akthar natürlich sehr. Damit Nimra und ich auch einmal mit anderen *Paros* sprechen konnten, organisierten Thanusiya und Raj einen kleinen Ausflug. Akthar – Nimras Mann war mal wieder unterwegs – erklärten sie, dass wir für unsere Näharbeiten Stoffe aussuchen wollten. Akthar hatte nichts dagegen, aber weil er sein Misstrauen nicht ganz ablegen konnte, wollte er uns begleiten. Wir stiegen also gemeinsam in einen recht großen Wagen, den Raj besorgt hatte, und fuhren los. Neben dem Fahrer saßen Akthar und Raj. Hinten auf der Rückbank Thanusiya, Nimra und ich.

Für uns beide war es das erste Mal, dass wir in so einem Gefährt mitfuhren. Akthar erkundigte sich als Erstes nach dem Preis des Wagens und danach, wie viel das Benzin kosten würde. Raj beantwortete seine Fragen, während Nimra und ich neugierig durchs Wagenfenster schauten. Thanusiya passte auf, dass wir nicht zu nah an die Scheibe kamen und unsere Gesichter gut verdeckt waren. Trotzdem drehten sich die wenigen Menschen, an denen wir vorbeifuhren, neugierig nach uns um. Sie wendeten ihre Blicke aber schnell wieder ab, weil sie von dem Sand, den die Räder des Wagens aufgewirbelt hatten, komplett eingestaubt wurden.

Je näher wir der Stadt Alwar kamen, desto mehr Leute sahen wir und desto größer wurde der Gestank. Am schlimmsten war der Geruch des Mülls, der an den Straßenrändern verbrannt wurde. Er zog uns trotz *Ghunghat* und nahezu geschlossenen Fenstern in die Nase. Besonders stechend wurde er, als wir an einer der Ampeln halten mussten. Da kamen zwei kleine Mädchen zu uns ans Fenster. Sie waren wahrscheinlich gerade mal so alt wie Sheela und gingen noch nicht zur Schule. Ihre schwarzen Haare waren verfilzt und ebenso eingestaubt wie ihre zerrissenen, maroden Kleider. Eines der beiden Mädchen hatte eine leicht verkrüppelte Hand, mit der sie ununterbrochen gegen die Fensterscheibe hämmerte.

»Was wollen die?«, fragte ich Thanusiya. »Geld«, antwortete sie. »Doch wir geben ihnen nichts«, sagte Akthar streng. »Aber sie sind bestimmt sehr hungrig«, widersprach ich. Als ich im Rückspiegel erkennen konnte, wie Akthar zornig seine Augenbrauen zusammenzog, bereute ich fast, etwas gesagt zu haben. Aber in Thanusiyas und Rajs Begleitung fühlte ich mich sicherer als allein mit ihm. Raj meinte, dass Akthar recht hätte und es besser sei, den Mädchen kein Geld zu geben. »Sie kaufen sich damit nichts zum Essen, und würden wir ihnen Nahrungsmittel geben, würden sie diese gleich wieder verkaufen«, erklärte Raj. »Und die Hand hat sich das Mädchen bestimmt selbst verstümmelt«, sagte Thanusiya und erklärte uns, dass das viele Kinder machen, um besser Betteln zu können. Sie wollen jedoch nur Geld, das sie aber nicht behalten dürfen, sondern bei ihren Eltern abgeben müssen. Manchmal auch bei den Anführern von organisierten Banden.

Akthar schien das nicht weiter zu interessieren, denn er fragte Raj, wann er das erste Mal in Alwar gewesen sei und wie oft er nun dorthin komme. Während Raj ihm seine Fragen beantwortete, berichtete uns Thanusiya weiter von den Kindern auf der Straße. Am schlimmsten fände sie es, wenn junge Frauen mit Babys auf dem Arm betteln würden. Denn meistens seien es nicht ihre eigenen Kinder. »Die einen verstümmeln sich, die anderen besorgen sich fremde Babys«, sagte sie, »nur um mehr Geld zu bekommen.« Sie bitten die Leute, die ihnen kein Geld geben wollen, ihnen wenigstens Milchpulver für ihre Babys zu kaufen, und gehen mit ihnen zum nächsten Laden. Die Spender denken, sie hätten mit dem Kauf etwas Gutes getan, denn Milch brauchen ja alle Kleinkinder. Doch sobald sie verschwunden sind, gehen die Frauen wieder ins Geschäft und geben das Milchpulver zurück. So kommen sie an Geld, auch wenn der Verkäufer einen kleinen Teil der Kaufsumme behält. Ich war schockiert, als ich das erfuhr.

Vor einem etwas heruntergekommenen Haus hielt Raj an, stieg aus, ging zur Tür und winkte uns, damit wir auch kämen. Während er und Akthar zum Rauchen draußen blieben, führte Thanusiya Nimra und mich ins Haus. Dort saßen zwei Frauen, die Thanusiya herzlich begrüßten. Sie erwiderte ihren Gruß und sagte: »Wir sind alle *Paros,* keine Sorge!« Wir setzten uns gemeinsam auf den bunten Teppich. Eine der Frauen hieß Mira und brachte uns *Chai*. Dann begannen sie, uns ihre Geschichte zu erzählen.

Mira kam aus Uttar Pradesh, dem im Westen an Rajasthan grenzenden Bundesstaat. Sie war etwa so alt wie Nimra und erwartete ihr vierzehntes Kind von ihrem dritten Mann. Von ihrem ersten Mann war sie misshandelt, von ihrem zweiten mehrfach vergewaltigt worden. Doch ihre Kinder waren ausschließlich Söhne, denn die Mädchen hatte ihr zweiter Mann direkt nach der Geburt umgebracht.

Die andere Frau, Sunita, wurde aus Orissa, einem Bundesstaat im Südosten, nach Alwar verschleppt und immer wieder vergewaltigt. Inzwischen lebt sie mit ihren zehn Kindern in dem Haus, wo wir sie besuchten. Bei einem blinden Mann, weil das besser für sie sei, als alleine zu wohnen, meinte sie. Thanusiya lud Sunita und Mira zu unserem nächsten Treffen in Nimras Haus ein, dann verabschiedeten wir uns, holten die Männer und fuhren zurück.

Ein paar Wochen später sollte das Treffen mit Mira, Sunita und zwei anderen *Paros* stattfinden. Thanusiya hatte als Vorwand diesmal Nähmaschinenschulung gewählt. Um sich davon zu überzeugen, dass alles mit rechten Dingen zuging, brachten die Männer ihre Frauen zu Nimras Haus. Auch Akthar. Obwohl er bei unserem Ausflug nach Alwar noch nicht einmal darauf geachtet hatte, ob wir auch wirklich Stoffe ausgesucht und mit ins Auto genommen hatten. Doch wenn andere Männer misstrauisch waren, musste er das wohl auch sein. Der Argwohn der Männer verschwand jedoch schnell, als sie Nähmaschinen vor Nimras Haus stehen sahen.

Dass diese nicht funktionierten, wussten sie natürlich nicht. Die meisten von ihnen gingen deshalb anschließend wieder nach Hause. Andere, darunter Akthar, setzten sich gemeinsam mit Raj in den Schatten und rauchten.

So hatten wir Frauen wieder etwas Zeit für uns und unsere Bedürfnisse. Wir nutzten die Gelegenheit und diskutierten leidenschaftlich miteinander. Am meisten regten wir uns darüber auf, dass wir als Frauen nicht die gleichen Rechte wie Männer haben. Warum dürfen wir immer nur als Letzte essen und bekommen dann auch noch weniger und schlechteres Essen als die Männer? Warum dürfen wir nur bis zum Alter von sieben Jahren draußen spielen? Warum werden Mädchen spätestens nach der achten Klasse aus der Schule genommen? Warum dürfen wir nichts besitzen? Kein eigenes Mobiltelefon, kein eigenes Haus? Warum dürfen wir nicht selbst entscheiden? Unabhängig sein?

Ich erinnerte mich, dass dies in Assam anders war, und sagte: »Das alles hängt damit zusammen, dass wir in Alwar sind.« – »Nein«, widersprach mir Thanusiya, »es betrifft nicht nur Alwar und nicht nur uns arme Frauen auf dem Land.« In Städten wie Neu-Delhi ist es manchmal sogar noch schlimmer. Auch wenn die Menschen dort gut gekleidet sind, Designertaschen haben und teure Autos fahren, werden die

Frauen dort ebenfalls nicht respektiert. Und damit sie keine Mädchen bekommen, lassen die Väter mittels Ultraschallgeräten bereits vor der Geburt das Geschlecht des Kindes feststellen und es gegebenenfalls abtreiben. Eltern, die sich das nicht leisten können, bringen ihre Töchter direkt nach der Geburt oft eigenhändig um. Pro Jahr werden in Indien mehrere Millionen weibliche Föten abgetrieben. Tendenz steigend. Und das, obwohl es illegal ist und die Gesetze gegen Abtreibung vor Kurzem noch verschärft wurden.

»Aber gibt es denn keine regionalen Unterschiede?«, fragte ich Thanusiya. Im Nordwesten des Landes, antwortete sie, sei die Situation für Frauen am schlechtesten. In einigen Staaten sei inzwischen sogar ein Viertel der weiblichen Bevölkerung ausgerottet worden, wie etwa in Alwar, weshalb es dort nun einen erheblichen Mädchenmangel gebe und sich die Männer Frauen aus anderen Bundesstaaten kauften. Meistens aus den Oststaaten, denn dort würden sie nicht ganz so schlecht behandelt und auch seltener umgebracht.

»In Indien gibt es sogar einen Bundesstaat, der matriarchalisch geführt wird«, erzählte Thanusiya. »Er heißt Meghalaya. Er grenzt an Assam und ist von meinem Heimatort nicht weit entfernt. Bei dem dort lebenden Volksstamm der *Khasi* richtet sich die Erbfolge nach der Sippe der Mutter. Die Frauen dürfen Land besitzen und sind deshalb wirtschaftlich nicht von ihren Männern abhängig. Nach der Heirat zieht der Mann ins Haus der Ehefrau. Aber auch in Meghalaya sind Frauen, wie überall in Indien, weniger Wert als Männer.« Warum das so sei, darauf gebe es keine einfache Antwort.

Indien sei zu vielgestaltig und die patriarchalischen Strukturen seien sehr kompliziert. Thanusiya verglich das Land mit einem Kraken: »Wenn du eine Tentakel entfernt hast, greift er nach dir mit einer anderen.« Deshalb müssen Frauen in Indien unaufhörlich für ihre Daseinsberechtigung kämpfen.

Es wäre natürlich leicht, die Kolonialmächte für die Frauenfeindlichkeit verantwortlich zu machen, weil sie die Einheimischen diskriminiert haben. Doch die Geschlechterungleichheit gab es in Indien schon früher. Sie hat eine mehrere Tausend Jahre alte Tradition und Praxis. Das Schlimmste daran ist nicht die Gewalt gegen die Frauen, sondern deren Akzeptanz – nicht nur von den Männern, sondern auch von den Frauen selbst. Jede dritte Frau in Indien findet es in Ordnung, wenn ihr Mann sie schlägt. Weil sie zum Beispiel das Haus verlässt, ohne ihm zuvor Bescheid zu sagen, weil sie sich mit ihm streitet, den Geschlechtsverkehr verweigert, die Kinder vernachlässigt, nicht vernünftig gekocht hat, er sie der Untreue verdächtigt oder sie der Familie ihres Ehemannes gegenüber respektlos war.

Es gibt Studien dazu, die belegen, dass Gewalt gegen Frauen umso eher als gerechtfertigt angesehen werde, wenn sich die Frau nicht entsprechend ihrer geschlechtsspezifischen Rolle als Ehefrau, Mutter oder Schwiegertochter verhalten habe.

171

»Aber wir Frauen sollten Gewalt unter keinen Umständen akzeptieren!«, sagt Thanusiya energisch. Dass wir es doch manchmal tun, basiert auf einem natürlichen Mechanismus: Wir Frauen fühlen uns nicht wertgeschätzt, weil wir weder respektiert, noch geliebt werden. Unser Selbstbewusstsein wird dadurch immer kleiner, und wir gewöhnen uns daran, dass unsere Männer mit uns machen können, was sie wollen. Besonders schlimm sei, dass sie uns meist die Schuld geben, weil wir uns aufreizend kleiden oder uns falsch verhalten oder sie provozieren. »Aber lasst euch das ja nicht einreden!«, ermutigte uns Thanusiya und erzählte uns zwei Geschichten, um uns zu verdeutlichen, was sie meinte.

Die Erste diente dazu, das Vorurteil der Männer zu widerlegen, dass Frauen, die missbraucht werden, selbst daran schuld seien, da sie sich zu aufreizend anziehen. Deshalb bat man Frauen in der Kleidung zu einem Treffen zu erscheinen, die sie getragen hatten, als sie vergewaltigt worden waren. Die missbrauchten Frauen erschienen alle in traditioneller Kleidung, im *Salwar Kameez* und mit umgebundener *Ghunghat*, keine von ihnen war »aufreizend« angezogen.

In der zweiten Geschichte ging es um eine junge Frau, die mit ihrem Baby auf dem Arm Thanusiya aufsuchte, um sie wegen einer Vergewaltigung um Hilfe zu bitten. Thanusiya tröstete die junge Mutter, weil sie dachte, sie sei vergewaltigt worden. Doch nicht sie selbst, sondern ihre elf Monate alte Tochter war von einem Wachmann missbraucht worden. Wir waren alle entsetzt. »Wie kann ein Baby, das noch nicht mal ein Jahr alt ist, einen Mann zu einer Vergewaltigung aufreizen?«, fragte sie uns und musste plötzlich gehen, weil die Männer unruhig wurden.

So fordernd und offen wie sie hatte ich bislang noch nie eine Frau sprechen hören. Die anderen offensichtlich auch nicht. Thanusiya zeigte uns, dass wir Frauen nicht alleine waren und dass wir eine Stimme haben. Sie ermutigte uns, nicht aufzugeben.

Beim nächsten Treffen waren mehr Frauen da, auch Sunita und Mira, dafür aber nicht die Männer. Raj hatte sie zu einem Ausflug in die nahe liegenden Berge mitgenommen. Also konnten wir uns vor Nimras Haus auf die Betten setzen. Da wir zehn Frauen waren, brachten wir drei Gestelle ins Freie und stellten sie in Form eines Dreiecks auf, sodass wir uns alle gegenseitig sehen konnten. Wie immer gab es *Chai* und Kekse. Thanusiya wollte jetzt etwas Neues ausprobieren: die Tap-Methode, wie sie es nannte.

Thanusiya begann und tippte Sunita, die mir direkt gegenübersaß, auf die Stirn und fragte sie: »Was macht dich wütend?« Die Frau schaute überrascht, überlegte einen Augenblick und sagte dann: »Dass ich immer die ganze Arbeit machen muss.« Nun war Sunita an der Reihe, eine andere anzutippen. Thanusiya erklärte uns, dass es bei der Übung darum ginge, mit einem Finger das Gesicht einer anderen Frau anzutippen, was die Übersetzung von »Tap« ist. Quasi bei ihr einen Schalter anzuknipsen, wodurch sie sich öffnen und ihren Gefühlen freien Lauf lassen kann. Dabei muss nicht gesprochen werden, kann aber. Thanusiya hatte Sunita nur nach ihrer Wut gefragt, um sie zum Reden zu ermuntern.

Sunita tippte nun Nimra auf die Nasenspitze und die sagte: »Ich habe Angst, dass mein Mann wieder meine Töchter vergewaltigt.« Dann tippte Nimra mir zwischen Lippen und Nase und ich sagte: »Ich bin traurig, dass ich so lange nicht mehr in Assam war.« Und so ging es immer weiter bis zur Rückkehr der Männer am Mittag.

Nachdem wir den ganzen Morgen lang die für uns emotional sehr anstrengende Tap-Methode praktiziert hatten, war die Zubereitung des Essens recht entspannend. Dafür hockten wir *Paros* uns gemeinsam vor Nimras großen *Chula*. Sunita und Nimra machten *Roti*. Die anderen und ich schnippelten Tomaten, Rettich und Zwiebeln. Mira rührte den stark gewürzten Linsenbrei (*Dal*) an, denn sie war hochschwanger und die anderen Aufgaben wären für sie zu schwierig gewesen. Als das Gemüse fertig geschnitten war, wollte ich den anderen bei den *Rotis* helfen. Doch sie ließen das nicht zu. Also schmiss ich Nimra etwas Mehl ins Gesicht. Sie begann zu lachen und warf nun selbst mit Mehl nach Sunita. Wir alle kicherten.

In diesem Moment stürmte Akthar in die Küche und brüllte uns an: »Ihr *Paros* seid zum Kochen da und nicht zum Witzemachen!« Raj hielt ihn zurück und sagte: »Sie kochen unser Essen, also lass sie.«

Für mich war es das erste Mal seit Abduls Tod, dass mich ein Mann vor Akthar beschützte. Ich war beeindruckt und mochte Raj nun noch lieber. Ich gab ihm die erste Schüssel mit *Dal* und Gemüse, dazu etwas *Roti*. Er reichte alles weiter an Akthar. Als wir die anderen Männer, die nun alle zurückgekehrt waren, schmatzen hörten, konnten auch wir Frauen beginnen zu essen.

Im Anschluss daran gingen die Männer wieder nach draußen zum Rauchen, und wir Frauen sollten uns alle vor das Haus setzen, damit sie uns im Blick hatten. Thanusiya schlug vor, dass jede von uns sich einen Wunsch überlegt und ihn dann in den Sand malt. Das erinnerte mich an den Berg in Assam, wo wir Mädchen auch immer Wünsche losgeschickt hatten. Das letzte Mal hatte ich das mit Somila gemacht, die nun tot war. Doch ich war lebendig und malte, wie die anderen, meinen Wunsch in den Sand. Unsere Zeichnungen waren allerdings schwer zu erkennen, was aber nur von Vorteil war, denn als die Männer vorbeikamen, um nachzusehen, was wir da malten, konnten wir ihnen erzählen, es wären unsere Nähmuster für die zukünftigen Kleider.

Als sie wieder gegangen waren, begannen wir uns gegenseitig zu erklären, was wir gezeichnet hatten. »Was soll das bei dir denn sein?«, fragte ich Sunita. »Ein Wasserbüffel«, antwortete sie, »ich wünsche mir einen Wasserbüffel.« Denn der symbolisiert Wohlstand. Nun war Nimra an der Reihe. Sie hatte ein Haus in den Sand gemalt und sagte, sie würde gerne das Haus besitzen, in dem sie wohnt. Als Thanusiya uns dann erklärte, dass sie daran arbeiten würden, dass Frauen Häuser haben dürfen, schauten wir alle überrascht. Denn dieser Gedanke war für uns genauso unvorstellbar wie der, keine *Ghunghat* mehr tragen zu müssen.

Auch ich hatte ein Haus gezeichnet, und als ich nach meinem Wunsch gefragt wurde, sagte ich: »Ich wünsche mir, dass unser Haus endlich fertig ist.« Daraufhin schaute Thanusiya mich wohlwollend an und sagte: »Wenn ihr an euch glaubt, werden eure Wünsche in Erfüllung gehen!« Und sie hatte recht. Nur zwei Wochen nach unserem Treffen bei Nimra war unser Haus fertig. Ich konnte es kaum glauben und bekam vor lauter Begeisterung feuchte Augen.

Es gab zwar noch keine Toilette, auch wenn das vom *IAY* so vorgeschrieben war. Aber das war für mich erst einmal nicht so wichtig. Hauptsache, ein richtiges Haus aus Stein mit zwei Zimmern. In dem einen war die Küche mit einem Bett, auf dem die beiden Mädchen Zarina und Sheela schliefen. In dem anderen Zimmer standen zwei Betten. Das eine war für Akthar und die Zwillinge bestimmt, das andere für Kalil und mich. In der ersten Nacht mit einem richtigen Dach über dem Kopf konnte ich vor lauter Aufregung kein Auge zumachen. Ich überlegte die ganze Zeit, wie ich das Haus einrichten würde. Das Wichtigste wollte ich davor anlegen: einen Gemüsegarten.

In Alwar ist so etwas zwar nicht üblich, aber er würde mich an Assam erinnern und mir viel Freude bereiten, dachte ich. Gleich nach dem Morgengebet erzählte ich Akthar davon. Den interessierte das mal wieder nicht, und er schlürfte nur ganz verschlafen seinen *Chai*. Kalil hatte aber zugehört und sagte mir nach dem Frühstück, als er mir die Metallbecher zum Abwaschen brachte, dass er einen Gemüsegarten schön fände. Also grub ich auf einer Seite des Hauses etwas Erde um und steckte das Ganze mit ein paar Steinen ab, das sollte in Zukunft mein Beet sein. Als Akthar das sah, fragte er mich: »Was soll das denn sein?«

Stolz antwortete ich: »Mein Gemüsegarten, ich hab dir doch vorhin davon erzählt.« Aber er hatte anscheinend wirklich nicht zugehört und fragte nur: »Dein?«, dann polterte er weiter: »Deinen Hintern kannst du jetzt mal gefälligst ins Haus schwingen, denn da gibt es einiges zu tun.« Ich gehorchte und ging in das Zimmer mit den zwei Betten. Dort bügelte und faltete ich zuerst Akthars und meine Kleider und legte sie dann in die große Metalltruhe in der Ecke. Neben den Betten war sie das einzige Möbelstück, das wir besaßen. In der Monsunzeit hatte sie uns treue Dienste geleistet und alle unsere Sachen darin vor Nässe bewahrt. Die Kleidung der Kinder legte ich in das oberste Fach des Regals, das direkt in die Zimmerwand gemauert war. Darunter die Schulhefte, das Bügeleisen und in das unterste Fach die zwei braunen Schultaschen von Kalil und Sheela, die seit Kurzem auch zur Schule ging und viel Spaß daran hatte. Weil das graue Zimmer kühl und kahl wirkte, entschloss ich mich, es zu dekorieren. Dafür schnitt ich eine Girlande aus bunten Tiger-Keks-Verpackungen, die ich an die Wand und außen an die Regalfächer hing.

Das Haus gefiel mir jetzt schon viel besser, aber ich hatte immer noch keinen Samen für den Gemüsegarten. Akthar fand den Garten überflüssig und wollte mich deshalb nicht zum Basar fahren lassen. Wir begannen zu diskutieren. Früher wäre das undenkbar gewesen, aber seit mich Thanusiya ermutigt hatte, traute ich mich manchmal, Akthar zu widersprechen. Mit Erfolg. Denn als er mir endlich zuhörte und verstand, dass wir mit einem Gemüsegarten viel Geld sparen würden und ich auch seltener das Haus zum Einkaufen verlassen müsste, willigte er ein.

Auf dem Basar traf ich meine assamesischen Freundinnen, die sich darüber freuten, gemeinsam mit mir Samen auszusuchen, und die mir von ihren Gemüsegärten in Assam erzählten. Sie selbst durften in Alwar keine haben, weil ihre Männer ihnen das nicht gestatteten. Ich war deshalb sehr froh, dass ich Akthar davon hatte überzeugen können.

Sofort als ich zum Haus zurückkam, pflanzte ich die Samen ganz behutsam ein und goss etwas Wasser darauf. Sie ausreichend zu bewässern war ein Problem, denn das Wasser war knapp, und wir selbst hatten noch keine eigene Pumpe. Zum Wasserholen musste ich immer zu Nimra gehen, die nun nur noch wenige Minuten von uns entfernt wohnte.

7

Hoffnung ist stärker als Angst

Nirbhaya-Gedenken am Protestplatz Jantar Mantar in Neu-Delhi

Unser Haus befindet sich in der Nähe der hellblau-en Moschee, sodass wir den Muezzin-Ruf aus den beiden Lautsprechern, die an den zwei kleinen Minaretten angebracht sind, immer sehr gut hören können. »Wir gehören *Allah* und müssen zu ihm zu-rückkehren«, steht auf einer Hauswand auf dem Weg zur Moschee, wie mir Raj einmal erklärte. Aber ich gehöre doch Akthar, dachte ich. Auch wenn ich das nicht wollte. Und zu *Allah* zurückkehren – wie sollte mir das gelingen, wenn ich noch nicht einmal in die Moschee zum Beten gehen durfte?

Eines Tages erzählte mir eine aus unserer *Paros*-Gruppe von Koran-Treffen, zu denen sie regelmäßig gehen würde. Dabei kommen meist zehn bis fünfzehn Frauen bei einer von ihnen zu Hause zusammen und beschäftigen sich mit dem Islam. Da Akthar alles un-terstützte, was mit dem Glauben zu tun hat, befür-wortete er, dass ich zu den Versammlungen ging. Na-türlich freute ich mich darüber, mich dadurch mehr *Allah* widmen zu können, aber noch mehr freute ich mich, dass ich die Zeit nicht mit Akthar verbringen musste. Leider fanden die Treffen nur einmal im Mo-nat statt. Doch ich war froh über jede Minute ohne Akthar. Ich nahm die Zwillinge und Zarina mit, weil sie noch nicht zur Schule gingen. Jeder war bei diesen

Treffen willkommen: egal ob alt oder jung, reich oder arm, *Paro* oder nicht *Paro*. Das war eine echte Ausnahme. So fühlte ich mich gleich wohl, konnte entspannt reden und erste Witze machen. Das schien einigen der Frauen zu gefallen. Besonders einer, die mir schon wegen ihrer schönen violetten *Salwar Kameez* aufgefallen war.

»Du wirkst so offen und lachst so schön, magst du meine Schwester sein?«, fragte sie mich. Ich freute mich sehr darüber und sagte sofort Ja. Daraufhin lud ich sie in unser neues Haus ein. Akthar hatte nichts gegen ihren Besuch einzuwenden, weil sie keine *Paro* war und für die Gruppe arbeitet, welche die Koran-Treffen organisiert. Also kam sie zwei Wochen später zu uns zu Besuch. Ich kochte Hühnchen und zeigte ihr nicht nur unser Haus, sondern auch meinen Gemüsegarten. Sie schien aber nicht sonderlich beeindruckt von meinem kleinen Beet zu sein und ging direkt nach dem Essen wieder.

Vielleicht hat sie gemerkt, dass ich eine *Paro* bin, dachte ich. Aber bei den Koran-Treffen hatte sie das doch auch nicht gestört. Da diese jedoch während der Regenzeit, die gerade begonnen hatte, nicht stattfanden, konnte ich nicht in Erfahrung bringen, ob sie mir noch wohlgesinnt war oder nicht. Es machte mich traurig, dass ich als *Paro* immer wieder an meine Grenzen zu stoßen schien. Und auch der Monsun war für meine Gemütslage nicht förderlich. Irgendwie versetzte er mich immer in eine melancholische Stimmung, in der ich Assam noch mehr vermisste.

Während der Regenzeit konnten wir das Haus mal wieder kaum verlassen, und uns allen war langweilig. Kalil saß meistens in der Ecke und las in seinen Schulbüchern. Die Zwillinge quengelten, und auch Akthar wirkte unzufrieden. Deshalb entschloss er sich, ein Fernsehgerät zu kaufen, und zwar von dem Geld, das ich auf den Feldern verdient hatte. Sobald der Apparat in unserem Haus stand, schaute er alles, was gesendet wurde. Da es aber jeden Tag in Strömen regnete und die Leitungen, die sich kreuz und quer über die Häuser und Straßen schlängeln, nicht gut isoliert sind, fiel der Strom oft aus und damit auch das Fernsehgucken. Dann nutze Akthar die Zeit und die neue Situation mit zwei Zimmern aus, um in Ruhe über mich herzufallen.

Sheela war inzwischen alt genug, um zu verstehen, was Akthar mit mir anstellte, und probierte deshalb, die Zwillinge und Zarina abzulenken. Kalil wusste sowieso, was mir wieder bevorstand, und weil er das nicht ertragen konnte, versuchte er mich zu beschützen. Er ging in die Küche, stellte sich mit seinen gerade mal neun Jahren vor seinen Vater und sagte: »Lass Mama endlich in Ruhe!«

Akthar griff – wie so oft – nach dem nächstbesten Gegenstand, in diesem Fall der Kochtopf aus Metall, und schmetterte ihn Kalil ins Gesicht. Dann zog er grob meine *Salwar* runter und sagte zu Kalil, der auf dem Boden lag: »Wenn du lernen willst, was ein richtiger Mann tut, dann schau jetzt genau hin.«

Kalil war inzwischen wieder aufgestanden und

krallte sich von hinten mit beiden Händen an den Rücken seines Vaters. Aber nicht, um ihm bei meiner Vergewaltigung zuzusehen, sondern um ihn davon abzuhalten. Doch Akthar war natürlich stärker und zog, ohne sich dabei umzudrehen, Kalil von seinem Rücken. Dann schlug er hart auf ihn ein, sodass Kalil wieder zu Boden fiel. Er blieb liegen und weinte. Akthar penetrierte mich weiter. Als er fertig war, warf er mich wie einen gebrauchten Gegenstand auf den Boden und ging vors Haus, um zu rauchen.

Früher wären Kalil und ich einfach liegen geblieben, weil wir solche Angst hatten. Doch inzwischen sind wir beide etwas stärker geworden. Kalil half mir aufzustehen, ich zog meine *Salwar* hoch und er rückte sein Hemd zurecht. Gemeinsam gingen wir rüber in das andere Zimmer und setzten uns auf ein Bettgestell. Sheela hatte sich mit den Zwillingen und Zarina auf das andere gesetzt. Dann schaltete ich den Fernseher ein, denn es gab wieder Strom, und wir schauten uns Serien aus Assam an. Mir hilft es sehr, wenn ich so unendlich traurig bin. Denn dann erinnere ich mich an meine Heimat und kann von der Harmonie dort träumen.

Ob den Kindern diese Telenovelas auch gefallen, weiß ich nicht, aber das Fernsehschauen scheint sie zumindest etwas zu beruhigen. Am liebsten sind mir Familiendramen, denn sie erinnern mich an meine Familie und die schönen Dinge in meinem Leben. Doch nur so lange, bis Akthar uns wieder verscheucht. Die Mädchen gehen dann rüber, um in der Küche zu schlafen. Kalil, die Zwillinge und ich bleiben bei

Akthar. Er schaltet sofort das Programm um, meist auf Bollywood-Filme.

Ich kann gar nicht verstehen, warum er sich die anschaut. Denn meistens geht es dabei um Liebe und davon versteht er sowieso nichts. Vielleicht will er ja auch von den Filmen lernen, dachte ich mir. Um ihre Angebetete für sich zu gewinnen, singen die Männer darin, und manchmal hörte ich, wie Akthar leise mitsang. Das klang nicht nur furchtbar, sondern ich war auch besorgt, dass die Kinder deswegen nicht schlafen konnten, was Akthar natürlich nicht interessierte. Außerdem erniedrigte es mich, dass er sich an anderen Frauen erfreute und es anscheinend in Ordnung war, dass sie keine *Ghunghat* trugen, viel Haut zeigen konnten, tanzten und sangen. Für so etwas würde ich Schläge bekommen.

Anders als ich schaute sich Akthar auch die Nachrichten an. Manchmal sprach er mit mir über das aktuelle Tagesgeschehen. Vor allem, wenn er mich damit belehren konnte oder die Meldung längere Zeit in den Nachrichten blieb. In einem Winter war das der Fall. Immer wieder hörte ich im Fernsehen *Nirbhaya,* was auf Hindi so viel wie »die Furchtlose« bedeutet. Daher fragte ich Akthar: »Was ist mit dieser *Nirbhaya?*« Akthar freute sich ausnahmsweise, dass ich mich nach etwas erkundigte. Erst dachte ich, weil er mich belehren konnte, was er so gerne macht. Doch als er anfing zu reden, erkannte ich, dass er mir jetzt seine und damit die Position vieler Männer bestätigen wollte, dass Frauen abends zu Hause sein und sich nicht an unbekannten Orten aufhalten sollen. »Sonst passiert das, was *Nirbhaya* geschehen ist«, sagte er und erzählt mir ihre Geschichte. Eines Abends Mitte Dezember 2012 stieg in Neu-Delhi eine Auszubildende mit ihrem fünf Jahre älteren Freund in einen Bus, der allerdings kein Linienbus war. Sie waren auf dem Heimweg von einem Kinobesuch. Das erinnerte mich daran, wie ich früher in Assam mit meinen Freundinnen ins Kino gegangen war. Wie gerne würde ich das wieder machen. Aber in Alwar gab es kein Kino und Akthar würde mich auch nie dorthin ausführen.

In dem Bus traf die angehende Krankengymnastin, die dreiundzwanzig, also nur zwei Jahre älter war als ich damals, auf den Fahrer und fünf junge Männer, die sich als Fahrgäste ausgaben. Sie fingen mit ihrem Begleiter einen Streit an und schlugen ihn mit einer Eisenstange bewusstlos. Mit dieser Stange folterten, penetrierten und vergewaltigten die Männer anschließend die junge Frau. Danach warfen sie das Paar nackt aus dem Bus und versuchten, die zwei zu überfahren, was ihnen aber nicht gelang. Die beiden wurden von Passanten gefunden und ins Krankenhaus eingeliefert. Auf der Intensivstation konnte die junge Frau noch befragt werden und ihre Geschichte erzählen, bevor sie ins Koma fiel und dreizehn Tage später an den schweren Verletzungen infolge der Gruppenvergewaltigung starb. Ihr Name war Jyoti Singh Pandey, der nur genannt werden darf, weil ihre Eltern das ausdrücklich wollten. Bei Missbrauchsfällen ist das sonst verboten.

Ich war schockiert und gleichzeitig überwältigt davon, dass anscheinend mehrere Tage im Fernsehen darüber berichtet wurde und dass Jyoti sich getraut hatte, über die Vergewaltigung offen zu sprechen. Deshalb wurde sie wohl auch die »Furchtlose« genannt, dachte ich.

Normalerweise reden die Frauen nämlich nicht darüber, wenn ihnen Gewalt widerfährt, sondern akzeptieren es einfach, und auch in den Medien wird in der Regel nicht darüber berichtet.

Doch Jyotis Fall bekam viel Aufmerksamkeit, nicht nur im Fernsehen und bei uns zu Hause, sondern auch bei den nächsten Treffen mit Thanusiya, die sagte: »Sie ist ein gutes Vorbild für uns alle.«

Mit dieser Meinung war sie nicht allein. Zum ersten Mal demonstrierten nicht nur Feministinnen für die Rechte von Frauen in Indien, sondern Millionen von Menschen rund um den Globus erhoben ihre Stimme, erzählte uns Thanusiya beeindruckt.

Die ganze Welt setzte sich wochenlang für den menschenwürdigen Umgang mit Frauen in Indien ein. Das war für mich sehr schwer vorstellbar, denn ich kannte vom Bundesstaat Alwar ja auch nur die Hauptstadt und unser Dorf und in Assam nur unser Dorf und den Weg nach Guwahati. Wie sollte ich also wissen, wie es an anderen Orten auf der Welt aussieht? Aber vielleicht wirkten die weltweiten Demonstrationen gerade deswegen umso bedeutender auf mich. Es fühlte sich an, als ob endlich das Schweigen über die misshandelten Frauen Indiens gebrochen worden wäre. Das gab vielen von uns neuen Mut. Wir hofften, dass sich jetzt endlich etwas für uns ändern würde.

Thanusiya hielt uns auf dem Laufenden. Die Zeitungen waren voll von Zahlen: Alle zwanzig Minuten wird in Indien eine Frau vergewaltigt und in über fünfundneunzig Prozent der Fälle sind die Täter Verwandte oder Bekannte. Oder wie Thanusiya uns erklärte: »Fast alle missbrauchten Frauen kennen ihren Vergewaltiger.« Menschenrechtler forderten die Regierung auf, endlich etwas gegen die Gewalt gegen Frauen zu unternehmen, Gesetze zu verändern und hohe Strafen zu verhängen. Immer mehr pochten auf die Todesstrafe für die Täter, die Jyoti so brutal gefoltert und missbraucht hatten.

Weniger als drei Wochen nach der Gruppenvergewaltigung wurden fünf Männer angeklagt. Bei dem sechsten Verdächtigen musste noch ermittelt werden, ob er über achtzehn Jahre alt war, da in Indien gegen Minderjährige keine Mordanklage erhoben werden kann. Wieder knapp drei Wochen später kam es zur ersten Anhörung der mutmaßlichen Täter vor einem Schnellgericht in Neu-Delhi. Für indische Verhältnisse war das sehr schnell, denn in Indien kommt es bei Vergewaltigungsfällen oft noch nicht einmal zu einem Prozess und wenn, dann zieht sich der sehr lange hin. Auch in diesem Fall versuchten die Anwälte die Verhandlung in die Länge zu ziehen und beantragten eine Verlegung des Prozesses außerhalb von Neu-Delhi, um ein neutrales Verfahren zu gewährleisten. Doch der Antrag wurde abgelehnt, und der Prozess begann im Februar 2013 in der indischen Hauptstadt.

Fünf Wochen später wurde einer der Hauptangeklagten in seiner Einzelzelle erhängt aufgefunden. Die Gefängnisleitung erklärte es als Selbstmord. Der Verteidiger und die Familie des Angeklagten vermuteten allerdings einen Mord dahinter.

Zeitgleich zum Prozess wurde auch das *Verma Committee* ins Leben gerufen, das sich um die Verschärfung des Sexualstrafrechts in Indien kümmern sollte. Die Regierung hatte zwar die Empfehlung des dreiköpfigen Komitees, sexuelle Gewalt in der Ehe als Vergewaltigung zu bestrafen, mit der Begründung abgelehnt, dies würde das gesamte Familiensystem in Schieflage bringen. Doch sie hatte einem neuen Gesetz gegen sexuelle Übergriffe außerhalb der Ehe, dem *Criminal Law Amendment Act* zugestimmt, welches die Definition von Vergewaltigung erweiterte. Nun ist es nicht mehr nur eine Straftat, wenn die Frau vaginal penetriert wird, sondern auch, wenn andere Objekte in sie eingeführt werden und sie psychische Misshandlungen erleidet. Dazu zählen Stalking, Voyeurismus und verbale Belästigung. Führt die Vergewaltigung zu dauerhaftem Koma oder Tod, ist die Mindeststrafe zwanzig Jahre Haft. Es kann aber auch die Todesstrafe verhängt werden.

Dafür entschied sich der Richter im Fall der Gruppenvergewaltigung in Neu-Delhi. Nur einer der Täter, der zu dem Tatzeitpunkt erst siebzehn Jahre alt war, erhielt lediglich drei Jahre Jugendarrest. Die

Verurteilung zum Tode der vier anderen Täter begründete der Richter so: »Die besondere Schwere der Schuld erfordert eine exemplarische Bestrafung.« Die Gerichtsurteile las uns Raj von seinem Tablet vor. Dass der Richter ein Exempel statuieren wollte, lag vielleicht auch daran, meinte Raj, dass trotz der vielen Veränderungen in der Zwischenzeit eine weitere Gruppenvergewaltigung für Schlagzeilen sorgte. Sie geschah wieder in einer großen Stadt. Diesmal in Mumbai, und zwar in den leer stehenden Fabrikruinen *Shakti Mill,* unter welchem Namen der Fall auch bekannt wurde. Eine 22-jährige Fotojournalistin hatte den Auftrag bekommen, die leer stehende Fabrik zu fotografieren, und war am 22. August 2013 mit ihrem männlichen Kollegen dort hingegangen. Der Kollege wurde im Fabrikgebäude von fünf Männern gefesselt, welche die Frau anschließend mehrfach vergewaltigten. Einer der Männer machte mit seinem Mobiltelefon Aufnahmen davon und kündigte der Fotojournalistin an, diese ins Netz zu stellen, sollte sie die Vergewaltigung anzeigen. Da die junge Frau sehr stark blutete, wurde sie ins Krankenhaus gebracht. Nach ihrer Entlassung vier Tage später erstattete sie Anzeige bei der Polizei. Die startete eine groß angelegte Suchaktion, um die Täter zu finden. Es dauerte weniger als einen Monat, bis fünf Verdächtige festgenommen wurden. Ein halbes Jahr später wurden drei von ihnen als Wiederholungstäter zum Tode verurteilt. Der Vierte bekam lebenslängliche Haft, weil er zuvor noch keine Sexualstraftat begangen hatte. Der fünfte Täter wurde zu drei Jahren Arrest, der Höchststrafe für Jugendliche, verurteilt, weil auch er zum Tatzeitpunkt erst siebzehn Jahre alt gewesen war.

Dass Vergewaltigungen nun Konsequenzen zu haben schienen, motivierte immer mehr Frauen, zur Polizei zu gehen und Anzeige zu erstatten. Die Polizei muss die Misshandlungen in einem *First Information Report* (FIR) dokumentieren, erklärte uns Thanusiya.

Denn erst nachdem ein FIR aufgenommen worden ist, kann die Polizei mit der Untersuchung des Falls beginnen.

Aber selbst wenn Misshandelte oder ihre Angehörigen bei der Polizei einen *FIR* eingereicht haben, unternimmt diese meistens nichts. Deswegen sei es nicht überraschend, dass nach wie vor zwei von drei Frauen in der Öffentlichkeit sexuell belästigt würden, und zu Hause noch mehr.

Laut der *National Comission for Women,* der Nationalen Frauenkommission, die zuständig ist für die Gewalt gegen Frauen in Indien, gibt es dafür zwei Hauptursachen: Zum einen koordinieren sich die Abteilungen zu wenig und zum anderen dauert es meist Jahre, bis Urteile gefällt werden. Wenn überhaupt. Die schnelle Bestrafung der Täter der Gruppenvergewaltigungen in Neu-Delhi und Mumbai sind also definitiv eine Ausnahme.

»Wieso haben sie so viel Aufmerksamkeit bekommen?«, fragte Nimra. Thanusyia erklärte uns, dass es dafür nicht eine, sondern mehrere Ursachen gebe:

Viele Frauen konnten sich mit den vergewaltigten Frauen identifizieren. Außerdem seien die politische Stimmung und neue Medien ausschlaggebend dafür gewesen. Auch wenn die Gesetze zu selten angewandt werden und viele Täter ungestraft davonkommen, zeige die neue Rechtsprechung, dass sich die Einstellung im Hinblick auf Gewalt gegen Frauen langsam zu ändern beginnt. In Sachen Vergewaltigung in der Ehe müsste sich aber noch viel tun, so Thanusiya. Denn Indien ist die einzige Demokratie, in der die Vergewaltigung der Ehefrau durch den Ehemann keine Straftat ist. Es gibt zwar seit 2005 mit dem *Protection of Women from Domestic Violence Act* ein Gesetz gegen häusliche Gewalt, aber nicht gegen Vergewaltigung in der Ehe. Das *Verma Committee* hatte bekanntlich vorgeschlagen, dies zu bestrafen, aber dieser Gesetzentwurf wurde ja von der Regierung mit der Begründung abgelehnt, er habe das Potenzial, die Institution der Ehe zu zerstören.

Der ganze Wirbel um die Vergewaltigungen in Neu-Delhi und Mumbai hatte für uns *Paros* also keine direkten Konsequenzen. Somit waren unsere gemeinsamen Treffen für uns alle die einzige Möglichkeit, aus dem häuslichen Käfig auszubrechen und, wenn auch nur für kurze Zeit, uns von der Bevormundung durch unsere Männer zu befreien. Das tat mir so gut, dass sogar die Kinder es bemerkten. Einmal meinte Kalil zu mir: »Du strahlst immer, wenn du von den Treffen kommst, Mama, das freut mich sehr.« Das stimmte, denn der Austausch mit den anderen Frauen gab mir neues Selbstbewusstsein. Ich konnte wieder ausgelassener reden, lachte mehr und lernte zu diskutieren.

Doch was mir gefiel, störte einige andere Frauen. Denn obwohl wir *Paros* ein gemeinsames Schicksal haben, gibt es auch zwischen uns viel Missgunst und Neid. Einige von ihnen redeten hinter meinem Rücken schlecht über mich, wie mir Nimra ab und zu berichtete. Zum Beispiel Devi, die genau wie ich aus Assam kommt und in einem Nachbardorf wohnt. Sie hat eine kleine Stupsnase und herrliche braune Augen. Leider kommen sie meist nicht zur Geltung, weil sie immer, wenn ich in ihrer Nähe bin, ihre großen haarigen Augenbrauen zusammenkneifen und grimmig schauen muss, sodass ihre Stirn zu einer Landschaft aus Falten wird. Denn sie mag mich nicht. Das lässt sie mich nicht nur spüren, sondern hat es mir auch schon mal selbst gesagt. Ihr missfällt nicht nur, dass ich gerne Witze mache, sondern sie findet, dass ich eine Unruhestifterin bin, weil ich alles ausdiskutieren will. Devi meinte, dass ich gewiefter sei als die meisten *Paros* und das ausnutzen würde. In dieser Hinsicht könnte sie sich mit Akthar zusammentun, dem es auch nicht gefiel, dass ich stärker wurde und mich öfter mit ihm auseinandersetzte.

Wir stritten uns jetzt viel häufiger als früher. Unser Verhältnis hatte sich verändert: Ich hatte vor allem durch die Unterstützung von Thanusiya und Raj viel weniger Angst vor ihm als vorher, er dafür umso mehr vor mir, auch wenn er das nie zugeben würde. Wahrscheinlich, weil er seit dem Tod seiner Eltern finanziell vollkommen von mir abhängig ist. Irgendwie ist er etwas sanfter im Umgang mit uns geworden. Zwar vergewaltigt er mich nach wie vor und schlägt auch die Kinder, aber nicht mehr so erbarmungslos wie früher. Außerdem hat er in der Regel immer noch das letzte Wort, aber bei manchen Angelegenheiten gibt er inzwischen auch mal klein bei.

Es sei denn, er wird durch jemand anderen beeinflusst, was sehr leicht geschehen kann. Das ist die andere Seite, die er entwickelt hat, seitdem seine Eltern gestorben sind. Er ist noch misstrauischer geworden als früher und lässt sich leicht davon beeinflussen, was andere sagen. Das kann ich überhaupt nicht verstehen. Denn eigentlich sollte jeder doch in der Lage sein, seinen eigenen Verstand einzuschalten, und nicht so viel auf das Urteil von anderen geben. Jeder sollte an sich selbst glauben und auf die eigene Stärke vertrauen. Zumindest hatte ich das inzwischen gelernt. Aber Akthar ist da viel einfacher gestrickt, als ich es bin. Er lässt sich leicht von anderen einen Floh ins Ohr setzen, ohne groß darüber nachzudenken. Das liegt daran, dass er nicht besonders klug ist und meist nicht versteht, worum es geht. Statt logisch zu denken, wird er hitzig und greift mich an. Dann werde auch ich wütend und wir streiten uns. Ein Thema, über das wir immer wieder zanken, ist zum Beispiel die Verhütung. Akthar würde nicht im Traum daran denken, sich ein Kondom überzustülpen. Damit ist er nicht allein. Laut einer Studie

will fast die Hälfte aller Männer in Indien nicht ver-
hüten, so Thanusiya.

Aber ich möchte nicht mehr schwanger werden.
Wir können uns das einfach nicht leisten, denn ich
kann ja jetzt schon kaum unsere Familie ernähren.
Wie soll das dann erst mit noch mehr Kindern möglich sein? Also muss ich mich darum kümmern, nicht
mehr schwanger zu werden, und nehme jedes Mal,
nachdem er mich penetriert hat – was mehrmals die
Woche der Fall ist – die Pille danach. Ich bekomme sie
in großen Vorratspackungen im Regierungskranken-
haus. Die Nebenwirkungen sind unangenehm, meist
wird mir übel und schwindelig.

Einmal hat mir eine der Krankenschwestern im
Krankenhaus erzählt, dass diese Tabletten bei uns zuerst getestet werden, bevor sie auf dem Markt in Europa und den USA zugelassen werden. Aber was soll
ich machen? Es ist meine einzige Möglichkeit, nicht
mehr schwanger zu werden, und außerdem habe ich
in meinem Leben schon viel Schlimmeres erlebt. Die
Tablettenpackungen muss ich allerdings gut verstecken, weil Akthar nicht will, dass ich sie nehme. Er
möchte weder, dass ich als Frau darüber entscheide,
ob ich schwanger werde oder nicht, noch, dass ich
aufhöre, Kinder zu gebären. Denn in Alwar ist es nor-
mal, zehn bis zwölf Kinder zu bekommen.

Kinder sind Gottes Geschenke und deshalb sollte man sie nicht verhindern, sondern dankbar dafür
sein. Das bin ich auch, ich liebe meine fünf Kinder
über alles. Aber ich kann und will einfach keine mehr

bekommen. Und egal, wie sehr Akthar auch darauf besteht, ich halte dagegen.

Die Frauen im Krankenhaus haben mir versichert, dass die »Pille danach« in Indien legal ist und ich nichts offiziell Verbotenes tue. Aber ich weiß auch, dass es gegen den Glauben ist. Denn im Islam ist Verhütung zwar erlaubt, weshalb es gut wäre, wenn Akthar das übernehmen würde, was er aber nicht tut. Doch jeder Eingriff zur Abtreibung nach erfolgter Befruchtung, also nach dem Sex, so wie meine Pilleneinnahme, ist eine Sünde, weil er als Angriff auf ungeborenes Leben angesehen wird. *Allah* möge mir vergeben, aber ich kann einfach nicht anders.

Die Alternative wäre, mich sterilisieren zu lassen, aber dem würde Akthar niemals zustimmen. Außerdem geht dabei oft etwas schief. Immer wieder sterben Frauen bei Massensterilisationen. Denn das indische Gesundheitssystem ist extrem schlecht. Thanusiya hatte mir erklärt, dass das an der Privatisierung liegt. Früher hätten in den Regierungskrankenhäusern viel bessere Ärzte gearbeitet. Doch die sind alle in die Privatkliniken abgewandert, wo sie besser bezahlt werden, weshalb sich heute nur noch Reiche einen guten Arzt leisten können. Denn ein Drittel der indischen Bevölkerung lebt unterhalb der Armutsgrenze und ein weiteres knapp darüber – sie alle sind auf die öffentlichen Krankenhäusern angewiesen. Nur das letzte Drittel der Inder lässt sich in den privaten Kliniken behandeln, und ein Bruchteil von ihnen geht dafür sogar ins Ausland. Das Gleiche gilt übrigens auch für das Bildungswesen.

Dabei würde ich mir nichts sehnlicher wünschen, als dass meine Kinder eine gute Ausbildung bekommen. Derzeit gehen sie auf die öffentliche Schule. Dort lernen sie aber nicht wirklich viel. Immerhin können Kalil und Sheela schon lesen und schreiben. Zarina braucht noch etwas Zeit. Sie kann gerade mal ihren Namen schreiben, so wie ich. Ansonsten bastelt sie lieber Papierflieger. Genauso ging es mit damals in Assam, auch ich mochte lieber mit meinen Freundinnen spielen, als Hausaufgaben zu machen. Trotzdem geht sie genauso gerne zur Schule wie ich und ihre beiden älteren Geschwister.

Noch ist keine von ihnen im kritischen Alter. Denn bis zum vierzehnten Lebensjahr dürfen sie alle definitiv zur Schule gehen. Aber spätestens danach werden zumindest die Mädchen aus der Schule genommen, damit sie nicht zu schlau werden. Genau das ist gerade einer von Nimras Töchtern widerfahren. Sie hat die achte Klasse abgeschlossen, dann hat der Vater ihr nicht mehr erlaubt, weiter die Schule zu besuchen, damit sie nicht zu unabhängig wird und von zu Hause wegläuft.

Weglaufen – ja, das möchte ich auch ganz oft. Einfach meine Kinder nehmen und irgendwohin gehen, wo uns Akthar nicht findet. Ich würde sie gerne an einen Ort bringen, wo sie eine gute Ausbildung bekommen, erfolgreich und berühmt werden. An diesem Ort könnten wir uns niederlassen und müssten nie wieder zu Akthar zurückkehren. Ich wünsche mir das insbesondere dann, wenn er mich wieder vergewaltigt. Solange er nur mich zum Sex zwingt, ist das in Ordnung. Aber meine Kinder soll er verschonen. Ich habe solche Angst, dass er Sheela und Zarina entjungfert, so wie er es mit mir gemacht hat. Deshalb würde ich sie gerne weit weg von ihm bringen.

Aber dieser Traum wird sich nie erfüllen. Mein Schicksal ist ein anderes, wenn ich mit meinen Kindern abhauen würde, würde er uns finden und mich für die Flucht bestrafen. Daran möchte ich gar nicht denken. Selbst wenn ich mit meinen Kindern irgendwo wäre, wo uns niemand kennt, würde es uns nicht besser gehen. Denn als Alleinerziehende mit fünf Kindern wäre ich aufgeschmissen. Niemand würde mich mehr akzeptieren, weil die Gesellschaft verlangt, dass Frauen verheiratet sind. Die Konsequenz wäre, dass ich wahrscheinlich keine Arbeit fände. Aber wie sollte ich dann unsere Kinder ernähren, geschweige denn, ihnen eine Ausbildung ermöglichen?

Auch zu meiner Familie kann ich nicht zurück. Selbst wenn ich es bis nach Assam schaffen würde, könnte ich nicht dortbleiben. Denn meine Familie würde mit einer Tochter, die ihrem Ehemann davongelaufen ist, aus der Dorfgemeinschaft ausgeschlossen werden. Das will ich ihr nicht antun. Ich bin also dazu gezwungen, bei Akthar zu bleiben. Mit ihm bin ich besser dran als ohne ihn. Deswegen verlasse ich ihn auch nicht und versuche, mir innerhalb dieses Käfigs meine Freiräume zu erkämpfen und meinen Kindern eine bessere Zukunft zu bieten. Dafür gebe ich alles. Deshalb kämpfe ich jeden Tag nicht nur für mich, sondern vor allem für sie. Dafür, dass sie eine gute Ausbildung bekommen, damit sie später ein besseres Leben haben. Hauptsache, sie alle studieren, auch meine Töchter. Sie sollen nicht so früh Ehefrauen werden wie ich.

In Indien werden Mädchen durchschnittlich im Alter von sechzehn Jahren verheiratet. In Assam heiraten Frauen frühestens mit zwanzig und Männer mit fünfundzwanzig Jahren. Das ist viel besser als in Alwar, wo die Hochzeit im Durchschnitt im Alter von zwölf stattfindet. Das werde ich bei Sheela und Zarina nicht zulassen. Denn den Mädchen wird nicht nur ihre Kindheit geraubt, sondern sie werden meist auch sofort geschwängert. Das birgt ein großes gesundheitliches Risiko: Frauen, vor allem arme Frauen, sind in Indien bei den Geburten extrem gefährdet.

Wenn ich Geld hätte, würde ich versuchen, meine Töchter wegzuschicken, damit sie nicht so früh verheiratet werden. Denn jede Frau, die Alwar verlässt, kann sich glücklich schätzen. Nichts aus Alwar würde ich vermissen, ganz im Gegensatz zu Assam, wonach ich mich immerzu sehne und sehnen werde. Wenn ich ganz ehrlich und offen meine Meinung über Alwar äußern dürfte, wie ich es damals in Assam Somila gegenüber tat, zumindest ansatzweise, würde ich sagen: »Setz alles daran, dass du von dort wegkommst!«

Doch leider sieht es nicht danach aus, weshalb ich versuchen muss, hier weiterzukämpfen. Und das Wichtigste derzeit ist es, zu verhindern, dass Akthar die Mädchen vergewaltigt. Denn dieses Schicksal erleiden nicht nur Nimras Töchter, sondern viele Mädchen in Indien. Thanusiya hatte uns neulich von einer nationalen Studie des indischen Ministeriums für Frauen- und Kindesentwicklung erzählt, laut der über fünfzig Prozent der befragten Kinder eine oder mehrere Formen von sexuellem Missbrauch erlitten haben. Aus dieser begrenzten Studie abzuleiten, dass mehr als die Hälfte der indischen Kinder sexuell missbraucht würden, sei zwar nicht möglich, aber ihre Zahl sei definitiv viel höher als vermutet, so Thanusiya. Besonders besorgniserregend sei, dass der Missbrauch in den meisten Fällen auch durch jemanden erfolge, den die Kinder kennen, wie etwa durch einen nahen Verwandten oder sogar durch den Vater. Das war auch der Grund, weshalb ich mir für meine Töchter etwas hatte einfallen lassen.

Um sie vor Akthar zu schützen, wollte ich Kalil und mein Bett in die Küche stellen, um dort bei ihnen zu schlafen. Das hätte für Akthar bedeutet, dass er mit den Zwillingen alleine in dem größeren Zimmer nächtigen müsste. Als ich ihm das vorschlug, war er damit nicht einverstanden. Also musste ich mir eine andere Vorgehensweise einfallen lassen.

Da Akthar gerne lange schläft, dachte ich mir, wäre es gut, ihn davon zu überzeugen, dass er, wenn er allein mit den Zwillingen in einem Zimmer übernachten würde, morgens mehr Ruhe hätte, da die drei die Einzigen sind, die nicht so früh aufstehen müssen. Denn Kalil, Sheela und Zarina gehen zur Schule, ich muss mich um sie und das Haus kümmern und in der Küche das Frühstück vorbereiten, weswegen wir auch gleich alle dort schlafen könnten. Akthar hätte das Zimmer mit Fernseher dann allein für sich und die Zwillinge.

Doch ich wollte ihm gegenüber nicht so argumentieren, sondern stattdessen seine Manipulierbarkeit zu meinen Gunsten ausnutzen. Deshalb hatte ich vor, Raj bei seinem nächsten Besuch zu bitten, Akthar vorzuschlagen, dass es für ihn doch besser wäre, zusammen mit den Zwillingen im großen Zimmer zu schlafen, da er dann ungestörter sei.

Als Raj uns das nächste Mal besuchte, erzählte ich ihm von meinem Plan, der ihm auf Anhieb gefiel und den er sogleich durchführte. Noch am gleichen Abend kam Akthar zu mir und meinte, dass er heute allein mit den Zwillingen im großen Zimmer schlafen würde, weil er am nächsten Morgen seine Ruhe bräuchte, und von jenem Tag an blieb es bei diesem Arrangement. Ich war beruhigt, denn so konnten Kalil und ich immer ein Auge auf Sheela und Zarina haben, und für Akthar war es schwieriger geworden, sich an ihnen zu vergreifen.

Leider ist aber nicht nur der Vater ein möglicher Vergewaltiger, sondern alle Männer im Umfeld von Mädchen kommen dafür infrage, Verwandte, wie Fremde. Deshalb wollte ich so gut es ging jedes

Risiko für meine Töchter verringern und entsprechende Vorkehrungen treffen. Ich sagte Akthar immer wieder, dass wir als Nächstes unbedingt eine Toilette bräuchten. Denn wenn die Mädchen alleine im Freien ihre Notdurft verrichten müssen, sind sie in Gefahr, da das für einige Männer anscheinend eine Einladung zur Vergewaltigung ist. Viele Frauen werden entführt oder vergewaltigt, wenn sie sich nachts in den Felder erleichtern. Daher war es mir besonders wichtig, dass wir endlich eine Toilette bekämen.

Ich hatte aber gelernt, Akthar nicht den wahren Grund für meine Anliegen zu sagen. Ich erklärte ihm, es sei eine Vorschrift der *IAY*, eine Toilette zu haben. Hielten wir uns nicht daran, bekämen wir womöglich Ärger mit der Bank. Zum Glück war Akthar einsichtig. Thanusiya und Raj organisierten kurze Zeit später die Materialien für die Toilette: eine Schaufel, um das Loch auszuheben, und Wellblechplatten, die wir als Sichtschutz drum herum stellten.

Ich war froh, dass es zumindest in der Schule unseres Dorfes eine Toilette gab, denn das war nicht selbstverständlich. Eine *Paro* aus dem Nachbardorf erzählte mir, dass sie ihre Töchter von der Schule genommen hatte, weil es dort keine Toiletten gegeben hätte. Aber ich fragte mich, ob es nicht vielleicht ihr Mann war, der nicht wollte, dass die Töchter weiter in die Schule gehen, ähnlich wie es bei Nimras Tochter der Fall gewesen war.

Die Sicherheit unserer Töchter war uns Müttern allen ein Anliegen. Deswegen empfahlen wir ihnen, immer eine Haarnadel griffbereit zu haben, damit sie sich gegen Übergriffe wehren konnten. »Wenn euch ein Mann zu nahe kommt«, sagte ich zu Zarina und Sheela, »dann stecht ihn einfach damit in den Arm.« Die Mädchen schauten mich verdutzt und etwas beschämt an.

Eines Tages kam Sheela weinend aus der Schule zurück. Ich fragte sie, was los sei, und obwohl sie sonst sehr gesprächig ist, sagte sie nichts und setzte sich weinend in die Ecke. Es tat mir weh, sie so zu sehen. Erst ein paar Wochen später, als ich sie noch einmal darauf ansprach, gestand sie mir: »Jetzt verstehe ich, was du mit der Haarnadel gemeint hast, ich hab sie benutzt.« Ich nahm sie in den Arm und versuchte sie zu beruhigen. Dann schilderte sie mir kurz, was passiert war. Einer ihrer Lehrer hatte ihr etwas erklären wollen und ihr dabei zwischen die Beine gefasst. Sie wollte mir aber nicht verraten, wer es war. Völlig erzürnt darüber ging ich am nächsten Tag mit ihr zur Schule. Akthar sagte ich nichts davon.

Nachdem ich der Klassenlehrerin die sexuelle Belästigung geschildert hatte, meinte sie, dass sie nichts unternehmen könne, wenn Sheela uns nicht sagen würde, welcher Lehrer es war. Aber wenn sie jetzt diesen Vorfall nicht weiterverfolgen könne, forderte ich, dann sollten die Lehrer doch zumindest etwas zur Aufklärung beitragen. Denn die Kinder würden sonst überhaupt nicht wissen, was mit ihnen in derartigen Situationen passiert, und wären völlig überfordert. Als ich mit der Lehrerin sprach, merkte ich, dass meine Erinnerungen wieder hochkamen und die Gedanken an meine Zwangsheirat zuerst mit dem Witwer und dann mit Akthar meine Stimme zittern ließen.

Die Lehrerin erklärte mir, dass sie in dieser Hinsicht nichts tun könne. Denn es gebe in der Schule keinen Aufklärungsunterricht. Sie würde es begrüßen und sie wüsste auch, dass sich verschiedene Organisationen bereits an die Politiker gewandt und diesen Unterricht gefordert hätten. Doch sie stießen auf Widerstand, da die Regierung befürchtete, die Kinder würden durch Sexualkunde ihre Unschuld verlieren, und die Schulpolitiker beschäftigen sich derzeit lieber damit, ob sie Sanskrit wieder als Pflichtfach einführen sollten oder nicht.

Ich war entsetzt, dass meine Kinder genauso ahnungslos aufwachsen sollten wie ich. Meine Eltern hatten mich nicht aufgeklärt, aber wahrscheinlich, weil ich zu jung gewesen war damals. Wobei Thanusiya uns erzählt hatte, dass über neunzig Prozent der Eltern auch heute nicht mit ihren Kindern über Sexualität reden. Das Thema ist tabu. Aber sobald die Kinder verheiratet sind, müssen sie alles wissen. Wie soll das gehen, wenn sie nie etwas über Sexualität lernen, weil sie nicht darüber sprechen dürfen? Es gibt nur zwei Antworten darauf: In seltenen Fällen sprechen sie mit vertrauten Freundinnen und Freunden. Ansonsten: Bollywood. Zumindest schauten sich die Kinder diese Filme immer sehr aufmerksam mit Akthar an.

Das Problem der Bollywood-Filme ist aber, dass sie die Frauen erniedrigen. Der Mann ist immer der Held und Retter und verführt die Frauen, indem er sie besingt oder sie angafft und dabei anzügliche Bemerkungen macht. Von Thanusiya weiß ich, dass manche Männer das auch beschönigend als *Eve-Teasing* bezeichnen. Dabei ist gar nichts daran schön. Es ist nichts anderes als sexuelle Belästigung. Denn es steht überhaupt nie zur Diskussion, was die Frauen von dieser Anmache halten. Im Film muss eine Frau den Mann lieben, der sie liebt, und mit dem Mann schlafen, der mit ihr schlafen will. Sich zu verweigern ist nicht möglich. Frauen sind in den Bollywood-Filmen reines Sexobjekt.

Doch Indien hat an sich eine andere Tradition, erklärte uns Raj bei einem Treffen. Früher wurden Mädchen und Jungen, sobald sie in die Pubertät kamen, in eine Hütte gebracht, um sich kennenzulernen und dann selbst einen Partner auszusuchen. Auch das *Kamasutra* zelebriert die Liebe. Die Frau gilt dabei nicht als Objekt, sie darf die Sexualität genauso genießen wie der Mann, und beide Geschlechter werden akzeptiert und respektiert.

Auch um die Verhütung stand es früher einmal anders. Indien war sogar das erste Land auf der Welt, in dem Familienplanung zur Staatsangelegenheit gemacht wurde. Denn in den 1950er-Jahren schrieb Jawaharlal Nehru vor, dass Kondome verwendet werden sollten. Das funktionierte nur leider nicht. Denn die Männer beschwerten sich, dass sie den Sex dadurch zu wenig genießen konnten. So wurde stattdessen die Sterilisation zur Bevölkerungseindämmung und erhofften Armutsbekämpfung eingeführt. Und die Männer hatten wieder ihren Spaß beim Sex. Was mit den Frauen und ihren Bedürfnissen war, spielte dabei, wie so oft, keine Rolle.

8

Ich bin in der Ehe gefangen

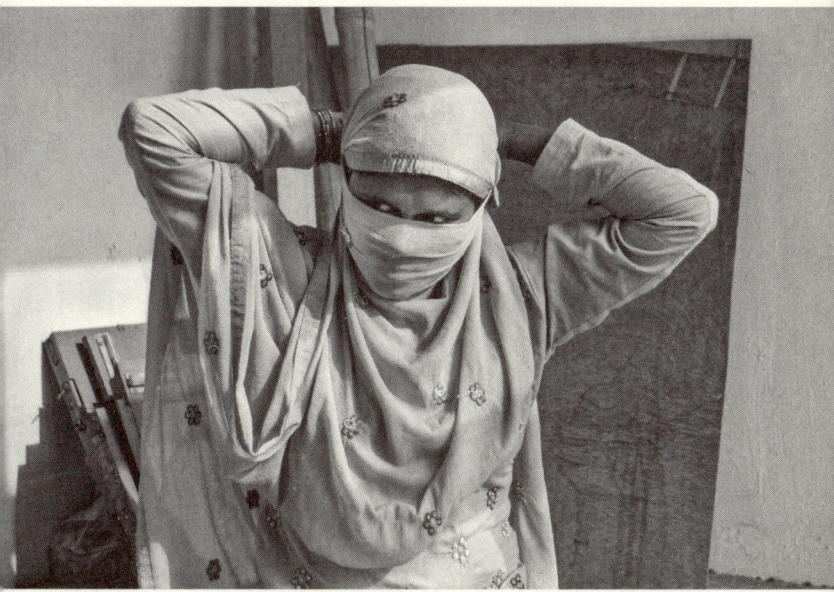

Amila hat das Ghunghat Karna *(Schleierbinden) inzwischen gelernt*

Manchmal stelle ich mir vor, wie es wäre, wenn Akthar tot wäre. Aber das ist nur eine wilde Fantasie. Denn ich werde ihn nicht umbringen und wir werden sicherlich noch einige Jahre gemeinsam verbringen. Nimra sagte mir einmal, dass sie ihren Mann hasst. Aber das kann ich eigentlich von mir nicht behaupten. Dafür müsste ich Gefühle für Akthar haben, die habe ich aber nicht. Er widert mich einfach an. Aber irgendwie ist er mir auch ziemlich egal. Ich kann ihn nicht ernst nehmen. Er fragt mich zwar, seitdem er Fernsehen glotzt, viel, aber irgendwie ist er krank im Kopf und kann sich nicht ausdrücken. Ich weiß zum Beispiel noch nicht einmal genau, wie alt er ist. Als ich ihn einmal danach gefragt habe, hat er nur rumgestottert. Mehr als zehn Jahre dürfte er schon älter sein als ich, also wird er wohl Mitte dreißig sein. Und wirklich wünschen kann ich mir auch nicht, dass Akthar stirbt. Denn dann würde ich nicht nur ihn verlieren, sondern alles andere in Alwar auch. Als Witwe ist man wertlos und so werden Frauen dann auch behandelt.

Und wegen häuslicher Gewalt eine Scheidung einzureichen, ist ebenfalls kaum möglich, weil eine Ehe in Indien nur in den wenigsten Fällen geschieden wird, und falls doch, hätte ich als Frau danach so gut wie keine Ansprüche mehr. Auch wenn es inzwischen viele Organisationen und Menschen wie Raj und Thanusiya gibt, die sich für die Rechte von misshandelten Frauen einsetzen, sprechen die Richter eine Scheidung meist nur dann aus, wenn die Beweislage offensichtlich ist. Und es ist sehr schwierig, als Frau dem Ehemann schuldhaftes Verhalten nachzuweisen. Denn meist steht vor Gericht Aussage gegen Aussage.

Falls das Ehepaar bei den Schwiegereltern des Mannes wohnt oder diese irgendwie mit in die Angelegenheit verwickelt sind, halten sie im Zweifel immer zu ihrem Sohn. Das hätten Kamla und Abdul auch getan, obwohl sie mich lieb gewonnen hatten. Denn die Schande zu verhindern, die eine Scheidung oder Anklage gegen Akthar bedeutet hätte, wäre ihnen am Ende sicher wichtiger gewesen als mein Wohl.

Hinzu kommt, dass ich, bevor ich Thanusiya und Raj kennengelernt habe, gar nicht wusste, welche Rechte ich habe. Wie sollte ich auch, ich war in meinem Dorf doch völlig abgeschnitten vom Rest der Welt. Ich hätte mich niemals getraut, Akthar zu widersprechen oder gar darüber nachzudenken, mich von ihm scheiden zu lassen. Kein Wunder. Denn die Richter verhalten sich nach wie vor nicht besonders einfühlsam gegenüber vergewaltigten Frauen, obwohl sich die Atmosphäre für sie vor Gericht insgesamt schon etwas verbessert hat. Zudem dauern die Verfahren immer noch sehr lange, und nur in den seltensten Fällen wird eine Ehe geschieden.

Ist das doch der Fall, verliert die Frau jeglichen Besitz. Sie bekommt eine monatliche Abfindung, die der Richter festlegt. Meist ist sie sehr gering, ungefähr 1200 Rupien, weil das Gericht bei der Berechnung, wie viel die Frau zum Leben braucht, nicht berücksichtigt, was sie zuvor zum gemeinsamen Wohlstand beigesteuert hat.

Durch die Heirat verliert die Frau rechtlich gesehen nicht nur ihre kompletten Besitzansprüche, sondern auch ihre Menschenwürde. »Denn die Ehe ist ein Sexvertrag, der Gewalt beim Geschlechtsverkehr durch Negation legitimiert«, sagte Thanusiya. Das klang für uns sehr kompliziert und das musste sie uns erst einmal erklären. Das bedeute, meinte sie, dass in der Ehe die Frau dem Mann sexuell zur Verfügung stehen muss, egal, in welcher Form der Sex ausgeübt wird, und dass deshalb von Vergewaltigung oder Misshandlung einer Ehefrau keine Rede sein kann.

Meine Eltern hatten mir das aber ganz anders vorgelebt, und auch bei den Koran-Treffen lernte ich etwas anderes. Laut dem Islam bestehen die Hauptziele der Ehe in der Wiedervereinigung der beiden Hälften der einen Seele, aus der Mann und Frau erschaffen sind, sowie die Erfüllung der ehelichen Sexualität als Vorgeschmack auf das Paradies für beide Partner. Ich war verwirrt und fragte nach, wie diese Widersprüche möglich sein können. Meine Bekannte, welche die Koran-Treffen mit organisierte und die mir nach wie vor wohlgesinnt ist, erklärte mir, dass für viele Menschen die Religion zwar wichtig sei in ihrem Leben, sie diese aber oft zu wenig kennen und deshalb nicht wüssten, wie im Islam die Ehe betrachtet wird. Und ich wiederum wusste, dass ich den Vorgeschmack auf das Paradies in der Ehe auch nie kennenlernen würde.

Sex genießen zu können klang für mich völlig absurd. Das konnte ich mir noch nicht einmal in Ansätzen vorstellen. Und wollte es auch gar nicht, weil mich dieser Gedanke viel zu sehr enttäuschen und unglücklich machen würde. Mit Akthar wird es keine Erotik und kein erfülltes Sexualleben geben, und weil ich ihm für den Rest meines Lebens zugeschworen bin, auch mit keinem anderen Mann. Denn da ich mich nicht scheiden lassen kann, bin ich in der Ehe gefangen.

Das erinnerte mich an eine Geschichte, die mir Omissa einmal in Assam erzählte hatte. Sie stammt aus dem hinduistischen Heldenepos *Ramayana*. Dabei wird Sita von dem Dämonenkönig Ravana nach Sri Lanka entführt. Ihr Mann Rama, die siebte Inkarnation des Hindu-Gotts Vishnu, versucht sie zu retten, was ihm mithilfe des Affengottes Sugriva und seines Generals Hanuman gelingt. Hanuman findet Sitas Aufenthaltsort, indem er in einem gewaltigen Sprung über das Meer nach Sri Lanka gelangt. Dann bauen er und seine Affen aus Steinen eine Brücke über den Ozean, auf der Sita zurück zu Rama gelangt. Rama hat nun allerdings den Verdacht, dass Sita von Ravana vergewaltigt wurde, und weil sie damit entehrt worden wäre, sagt er sich kurz nach ihrer Rückkehr von ihr los. Sita will ihn aber eines Besseren belehren. Sie schreitet durchs Feuer, welches in der hinduistischen Mythologie sowohl Reinigungs- als auch Verwandlungsmedium ist, ohne zu verbrennen, was zeigt, dass sie Rama weder untreu gewesen noch vergewaltigt worden ist, weshalb Rama Sita wieder als Ehefrau aufnimmt.

Raj, mit dem ich mich einmal über das *Ramayana* unterhielt, meinte, dieses Epos zeige deutlich, dass ausschließlich der Mann über das Bündnis der beiden Geschlechter bestimmt und dieses nur so lange fortbesteht, solange die Frau »rein« ist. Sobald sie in irgendeiner Form »beschmutzt« wurde, auch wenn das wie bei einer Vergewaltigung ohne ihr eigenes Verschulden geschieht, wird sie verstoßen und ist nichts mehr wert. Als Mutter wird sie verehrt, weil sie neues Leben schaffen kann. Aber sobald sie als Sexobjekt gesehen wird, verliert sie alles.

»Vergewaltigung ist schlimmer als Tod«, hat einmal eine *Paro* zu mir gesagt. Aber das sehe ich nicht so. Natürlich ist es schlimm, wenn viele Frauen – so wie ich – mit ihrem Vergewaltiger verheiratet sein müssen, weil ihnen durch den Missbrauch jegliche Option auf eine Ehe mit einem anderen Mann genommen wurde. Mein Leben fühlt sich deshalb oft so an, als befände ich mich in einem Käfig der Angst.

Aber immerhin lebe ich noch und das möchte ich auch. Ich will nicht sterben. Dafür habe ich eine zu große Verantwortung meinen Kindern gegenüber. Außerdem will ich mich auch für die Lage von uns Frauen einsetzen und unser Verhältnis zu den Männern verbessern. Hier muss sich noch sehr vieles ändern. Nicht nur in Bezug auf die Ehe, sondern auch in Bezug auf die Arbeitswelt.

Denn in Indien bekommen Frauen heute nach wie vor dreißig bis vierzig Prozent weniger Gehalt als Männer für den gleichen Job. Außerdem sollen sie bestimmte Berufe nicht ausüben, vor allem nicht diejenigen, bei denen sie spät nach Hause kommen oder viel Kontakt mit fremden Männern haben. Das hatte mir Akthar auch schon einmal gesagt. Am meisten Anerkennung bekommen Lehrerinnen. Denn sie können sich neben ihrer Tätigkeit auch bestmöglich um die Familie kümmern.

Die meisten Inderinnen arbeiten aber, so wie ich, in der Landwirtschaft. Das ist nicht nur der größte und unorganisierteste Sektor, sondern auch der, bei dem die Arbeit der Frauen beim Bruttoinlandsprodukt (BIP) nicht berücksichtigt wird. Denn dafür wird in Indien nur die Tätigkeit von angestellten Frauen erfasst, und das ist – obwohl die Hälfte aller Inderinnen arbeitet – nur jede Vierte.

Würde sich das ändern und die Arbeit von allen anerkannt werden, gäbe es nicht nur einen großen Wandel beim BIP, sondern auch im sozialen Bereich. Diese Anerkennung würde das Selbstwertgefühl der Frauen steigern und maßgeblich zur Gleichberechtigung beitragen. Doch bis diese erreicht ist, ist es noch ein langer Weg.

Den ersten wichtigen Grundstein dafür hat Indira Gandhi 1966 als erste Premierministerin Indiens gelegt, indem sie eine neue Frauenbewegung ins Leben gerufen hat. Seither kämpfen die indischen Frauen für ihre Rechte und gegen die Untätigkeit der Regierung. Und sie haben bis heute viel erreicht: So gibt es inzwischen ein eigenes Frauenministerium (*Ministry of Women and Child Development*) sowie Kommissionen auf staatlicher Ebene, die für die Rechte und Bedürfnisse der Frauen zuständig sind. Auch im wirtschaftspolitischen Fünfjahresplan der Regierung wird den Frauen ein eigener Abschnitt gewidmet.

Seither drängten immer mehr Frauen in den Arbeitsmarkt. Sie profitierten von den neu geschaffenen Jobs multinationaler Unternehmen, beispielsweise den zahlreichen Callcentern, die in den 1990er-Jahren entstanden und sich für Frauen besonders gut eignen, weil sie dabei Familie und Beruf sehr gut kombinieren können. So wurden viele Inderinnen finanziell unabhängig und entwickelten dadurch ein neues Selbstbewusstsein. Den meisten Männern gefiel das natürlich nicht, sie fühlten sich in ihrer Stellung bedroht und sahen ihre Macht untergraben, wenn Frauen einflussreiche Posten in der Geschäftswelt erhielten. Sie demütigten die Frauen weiter, nicht nur verbal, sondern auch mit körperlicher Gewalt.

2013 wurden durch das *Verma committee* die Maßnahmen gegen die Diskriminierung von Frauen am Arbeitsplatz verschärft. Seitdem muss jeder Arbeitgeber eine Anlaufstelle für Frauen schaffen, bei der sie sich beschweren können, wenn sie am Arbeitsplatz sexuell belästigt worden sind. Auf dieser Beschwerdestelle müssen mehr Frauen als Männern beschäftigt sein und sie muss von einer Frau geleitet werden, damit den belästigten Frauen die Angst vor einer Beschwerde genommen wird. Sobald eine Frau einen Vorfall gemeldet hat, wird von dieser Abteilung im Idealfall auch das Strafmaß festgelegt. Doch derartige Beschwerdestellen wurden nur von ganz wenigen Arbeitgebern eingerichtet, weshalb in Indien immer noch Frauen am Arbeitsplatz sexuell belästigt werden.

Zwar wurde die indische Verfassung 1995 um einen Zusatz erweitert, wonach bei Wahlen eine Frauenquote von dreiunddreißig Prozent gilt, allerdings wird dies in Indien bislang nicht eingehalten; in Nepal und Bangladesch dagegen schon. In Indien sind nur zehn Prozent der Ministerposten von Frauen besetzt und sie stellen nur elf Prozent der Abgeordneten im Parlament. Auf kommunaler Ebene sieht das allerdings besser aus. Über eine Million wichtige Positionen in Stadt- und Gemeindeverwaltungen haben bereits Frauen inne. Zu ihren Aufgaben gehört es, sich um die Versorgung mit Trinkwasser zu kümmern, ein funktionierendes Schulsystem zu garantieren und für Geschäfte zu sorgen, die Lebensmitteln zu fairen Preisen anbieten.

Auch Thanusiya würde gerne so eine einflussreiche Position in der Kommune haben. Und obwohl sie es geschafft hatte, als einzige Frau an den *Panchayats* teilzunehmen, gelang ihr das in Alwar nicht. Thanusiyas Erklärung dafür war: »Sie können mich eben nicht instrumentalisieren.« Das passiere aber mit vielen Frauen durch die Quotenregelung. Meist weil sie ihre Rechte und Pflichten zu wenig kennen würden. Und weil die Karriere einer Frau von den konservativ eingestellten Familien in Indien nach wie vor nicht besonders hoch angesehen wird. Dieses Argument untermalte Thanusiya mit dem Beispiel einer Frau, die als erste eine Führungsposition in einem internationalen Unternehmen erhielt. Als sie am Tag ihrer Beförderung nach Hause kam, sagte ihre Mutter: »Es ist keine Milch im Kühlschrank.« Zum beruflichen Aufstieg gratulierte sie ihr nicht.

Eine Frau muss sich um alles kümmern, um den Haushalt, die Kinder und das Essen, auch wenn sie einen Beruf hat oder – so wie ich – auf dem Feld arbeitet. Akthar ist nämlich zu nichts zu gebrauchen. Er hatte mir mal erzählt, dass er gelernter Tischler sei, früher aber als Rikscha-Fahrer gearbeitet habe. Nun würde er bei Bedarf nachts in einer nahe gelegenen Ölmühle arbeiten, sagte er. Zumindest ist das seine Erklärung, warum er neuerdings nachmittags um vier das Haus verlässt und erst morgens um acht Uhr wiederkommt. Dann bin ich schon lange wach und habe alles vorbereitet, damit die Kinder zur Schule gehen können.

Manchmal sieht er die Kinder vorher noch und wir trinken gemeinsam einen *Chai*. Danach schaut er Fernsehen oder macht sich über mich her. Das kann er jetzt wieder in aller Ruhe, da inzwischen auch die Zwillinge zur Schule gehen. Oft schläft er anschließend, obwohl er nie sonderlich erschöpft wirkt, was wohl daran liegt, dass er gar nicht arbeitet. Zumindest steuert er kein Geld zu unserer Haushaltskasse bei. Es hat allerdings einige Zeit gedauert, bis ich das herausgefunden habe.

Eines Tages bat Akthar Raj dann, uns bei unseren finanziellen Sorgen zu helfen, und gewährte ihm deshalb Einblick in unsere Konten. Dabei eröffnete mir Raj, dass ich quasi die Alleinverdienerin bin. Das war mir noch nie aufgefallen. Weil ich nicht wirklich rechnen kann, war das anfangs nicht so leicht für mich zu verstehen. Aber Raj versuchte es mir zu erklären: Akthar hatte ihm gesagt, dass wir jeden Monat 100 Rupien von meinem Konto zurücklegten und wenn wir mehr als 4000 Rupien verdienen, noch einmal 1000 bis 2000 Rupien extra. Da das sehr selten vorkam und nie etwas von seinem Konto genommen wurde, stand für Raj – und auch für mich nach seiner Erklärung – fest, dass Akthar offenbar nicht arbeitete, denn er nahm ja kein Geld ein. Ich konnte höchstens 3000 Rupien verdienen, also hätte er nur 1000 Rupien beisteuern müssen, damit wir auf der sicheren Seite wären. Das würde eine Woche Arbeit für ihn bedeuten. Aber anscheinend machte er noch nicht einmal das. Statt selbst zu arbeiten, beschwerte Akthar sich ständig über das fehlende Geld.

Raj wollte ihn deshalb motivieren, mehr zu unserem Einkommen beizutragen, und erzählte ihm von einer Regelung, die vor ein paar Jahren eingeführt wurde und der Landbevölkerung Arbeitsplätze im Umkreis von fünf Kilometern von ihrem Wohnort schaffen sollte. Sie wurde 2005 erlassen, heißt *Mahatma Gandhi National Rural Employment Guarantee Act (MGNREGA)* und garantiert allen Erwachsenen in einem Haushalt hundert Tage Arbeit im Jahr zum Mindestlohn. Das könnte Akthar locker machen, tut er aber nicht, weshalb unsere Schulden nicht weniger werden.

Vom Staat hatten wir für die Erbauung des Hauses 35 000 Rupien bekommen und müssen der Bank noch 11 000 Rupien zurückzahlen, klärte mich Raj auf. Das ist mehr, als ich einmal gekostet habe, und ich weiß nicht, wie wir das bewerkstelligen sollen. Denn derzeit haben wir nur noch 2000 Rupien auf dem Konto. Obwohl ich hart arbeite und mich bemühe, möglichst wenig auszugeben und nur das Nötigste kaufe: Milch, Tee und Gemüse sowie Schulsachen für die Kinder. Selbst da versuche ich bei den Stiften zu sparen.

Doch bei einer siebenköpfigen Familie bleibt am Ende des Monats wenig übrig. Dann kommen auch noch die unerwarteten Kosten hinzu. Gerade im Winter werden die Kinder oft krank. Neulich musste ich mit Zarina ins Krankenhaus. Die 1000 Rupien für den Krankenhausbesuch und die Medikamente musste ich mir von Nimra borgen, ohne dass ich Akthar davon erzählte. Denn es war wieder Geld, das fehlt, um den Kredit abzubezahlen. Akthar stört so etwas sehr. Insbesondere, wenn ihn die Bank wegen der Zahlungen unter Druck setzt. Seinen Ärger darüber bekomme ich dann zu spüren.

Als ich mit Zarina im Krankenhaus war, beauftragte Akthar Kalil, mich auf dem Mobiltelefon anzurufen, das ich nach wie vor dabeihaben muss, wenn ich alleine unterwegs bin, damit er mich kontrollieren kann. Kalil sollte sich nach dem Abendessen erkundigen. Ich war genervt, da ich schon den ganzen Tag mit der kranken Zarina unterwegs war, und sagte: »Wo sind denn deine Schwester und dein Vater? Sind sie gestorben? Macht euch doch selbst was zu essen!« Daraufhin riss Akthar Kalil das Telefon aus der Hand und brüllte mich an: »Wo treibst du dich denn schon wieder herum? Komm sofort nach Hause und mach das Abendessen!« – »Ich habe gerade etwas Wichtiges zu erledigen!«, entgegnete ich ihm und legte auf. Akthar rief mich anschließend immer wieder an, aber ich ging nicht ran. Ich musste mich um Zarina kümmern.

Als ich am Abend aus dem Krankenhaus zurückkam, war er fuchsteufelswild. »Ausgehen, aber mir nichts zu essen machen«, schrie er mich an. Da Kalil schon den Teig für die Fladenbrote angefertigt hatte, bereitete ich schnell ein paar *Rotis* zu und setzte mich mit den Kindern auf den Boden zum Essen. Akthar ignorierte ich die ganze Zeit. Auf einmal griff er nach meinem Brot und wollte es mir entreißen. Dabei zerriss es in zwei Teile, eine Hälfte davon hatte er in der Hand, die andere ich. »Wenn du das noch einmal machst«, sagte ich, »dann zerreiße ich dir das Herz, genauso, wie du mein *Roti* zerrissen hast!« Akthar schaute mich verdutzt an. »Ich werde dich und das Haus verlassen, dann kannst du dich um alles hier kümmern«, sagte ich herausfordernd. Er nahm sein Stück *Roti*, stopfte es sich in den Mund und ging raus zum Rauchen.

Wir redeten mehrere Tage nicht miteinander, bis ich ihn fragte, ob ich nach so langer Zeit nicht wieder mal zu meiner Familie nach Assam reisen könnte. »Bist du nun völlig verrückt geworden?«, schrie er mich an. »Dafür haben wir absolut kein Geld!« Der nächste Streit startete. »Du hast mich so weit weg von meiner Heimat gebracht, und nun darf ich sie nicht einmal mehr besuchen«, sagte ich. »Dein Platz ist jetzt hier bei den Kindern und mir, und ich habe keine Lust mehr auf diese ewigen Diskussionen«, sagte er verärgert und ging raus.

Er hatte anscheinend ein Problem mit meinem immer stärker werdenden Widerspruchsgeist und meinem Mut, mir keine Ungerechtigkeiten mehr von ihm gefallen zu lassen und das auch zu sagen. Damit war er nicht alleine, denn auch Nimras Mann gefiel das nicht.

Nachdem mir Nimra das Geld für das Krankenhaus geliehen hatte, hatte ich nichts mehr von ihr gehört. Was äußerst ungewöhnlich war, weshalb ich zu ihr ging. Sie erzählte mir, dass ihr Mann es nicht mag, wenn ich sie besuche, weil ich sie aufstacheln würde. Damit meinte er bestimmt, dass Raj und Thanusiya ihr auf mein Drängen hin geholfen hatten, ihr etwas von dem Land, um das sie sich seit Jahren kümmert, zu überschreiben. Das ist die absolute Ausnahme, denn neunzig Prozent aller indischen Frauen besitzen kein eigenes Land und in der Regel auch kein eigenes Konto.

Und das soll nach Ansicht der Männer, die patriarchalische Strukturen gewöhnt sind, auch so bleiben. Denn je mehr Rechte Frauen bekommen, desto stärker bedroht das die Vorherrschaft der Männer. Sie reagieren darauf mit Aggression und Gewalt, die wiederum die Frauen ausbaden müssen.

In diesem Fall Nimra. Denn als ich sie ein paar Tage später wieder besuchte, sah ich, wie übel ihr Mann sie zugerichtet hatte. Er saß benebelt auf seinem Bettgestell und stank nach Alkohol. Ich nahm meinen ganzen Mut zusammen und sagte zu ihm: »Wenn du ein Problem mit mir hast, dann sag es mir gefälligst selbst, aber lass es nicht an meiner Freundin aus. Sag mir, was ich falsch gemacht habe, und dann komme ich auch nicht mehr zu euch.« Er gab mir keine Antwort, sondern scheuchte mich aus dem Haus.

Als ich heimkam, saß Akthar vor der Tür und rauchte. Ich bin froh, dass er nur raucht und nicht auch noch trinkt. Da ich noch so richtig in Fahrt war, fragte ich ihn erneut nach meinem möglichen Assam-Besuch. Keine gute Idee. Er sagte nichts, schaute mich eindringlich an, hielt mit einer Hand meinen Arm fest und drückte mit der anderen Hand seine Zigarette auf meinem Unterarm aus. Dann zog er seine Hose und meine *Salwar* runter, presste mich gegen die Wand und drang in mich ein. Ich wich seinem Blick aus und sagte: »Du tust du mir weh!« Er stieß weiter und atmete schwer. Dann war er auch schon fertig.

Ich nahm meinen ganzen Mut zusammen und sprach ihn noch einmal wegen meiner Assam-Reise an, diesmal ganz einfühlsam: »Ich bin deine Frau, und nicht die von jemand anderem, und als solche verstehe ich deine Sorgen, aber ich bitte dich, verstehe du auch mich.« Ich wusste, dass ihn die Rückzahlung des Kredits bedrückte, aber er sagte nichts und zündete sich nur eine Zigarette an.

Am nächsten Tag schenkte er mir eine Uhr aus silbernem Metall. Ich steckte den Arm durch die vielen einzelnen aneinanderhängenden Glieder. Akthar drückte auf den Druckverschluss, dann saß die Uhr fest an meinem Handgelenk. Sie verdeckte die Brandwunde vom Tag davor. Ich wusste nicht, ob Akthar sie deshalb gekauft hatte, hatte er sich doch zuvor auch nie um meine Verletzungen geschert, oder ob er sich etwa bessern und mir zeigen wollte, dass er auch Geld für mich ausgeben kann. Viel konnte die Uhr aber nicht gekostet haben, denn sie war nicht aus Gold, obwohl ich das bei Schmuck immer bevorzuge. Außerdem ging sie schnell kaputt. Beim Abwaschen kam sie mit Wasser in Berührung und dann funktionierten die Zeiger auf dem runden Ziffernblatt nicht mehr.

Dabei hatte mir Kalil so gut erklärt, wie ich die Uhrzeit ablesen kann. Er hatte mir auch empfohlen, die Uhr nicht abzulegen, weil Akthar das möglicherweise als Kränkung empfinden könnte. Da ich Kalils Ratschlägen vertraute, nahm ich die Uhr nicht mehr ab.

Eine Woche nach unserer Auseinandersetzung über die Reise in meine Heimat fragte ich Akthar erneut um Erlaubnis dafür. Diesmal aber in Ruhe. Denn ich hatte gelernt, dass er dann weniger aufbrausend reagiert. Er sagte: »Nach Assam fahren kannst du nicht, aber du darfst anrufen.« Er wählte die Nummer meiner Eltern und gab mir sein Telefon. Meine Mutter ging ran und fragte mich, wie jedes Mal, wenn ich mit ihr telefoniere, wann ich zu Besuch kommen würde. Ich erzählte ihr, dass ich mit Akthar gesprochen hätte und unser Geld dafür leider nicht reichen würde. Um meinen Kummer zu überspielen und sie nicht zu beunruhigen, machte ich einen Scherz und sagte, dass sich in Assam sowieso keiner mehr an mich erinnern würde, weil ich inzwischen schon seit sechs Jahren nicht mehr da gewesen war. Doch meine Mutter kommentierte das nicht weiter. Sie schwieg, wie so oft.

»Kein Trübsal blasen!«, hörte ich meine Schwester Salma dann im Hintergrund rufen, bevor sie ans Telefon kam. Sie und ihre Zwillingsschwester Reenu waren inzwischen schon in der achten Klasse, nur eine über Kalil. Mein Sohn ist also fast so alt wie meine jüngsten Schwestern, dachte ich. Salma berichtete mir, dass sie und Reenu gerne in die Schule gingen und dass sie Angst davor hätten, bald rausgenommen zu werden, um eine Familie zu gründen.

»Aber ihr habt doch noch Zeit«, sagte ich ihr, um sie zu beruhigen. »Du warst in unserem Alter schon Mutter«, widersprach mir Salma. »Ja, aber das war eine Ausnahme«, antwortete ich. »Das dachte ich bisher auch immer, aber Papa meinte, dass es noch mehr solcher Ausnahmen gibt«, sagte Salma. »Er ist grad nach Hause gekommen, am besten erzählt er es dir selbst«, fügte sie hinzu und gab Halim den Hörer.

»Meine geliebte Tochter«, begrüßte mein Vater mich, »wie geht es dir?« Natürlich sagte ich »gut«, und heute war das wahrscheinlich sogar zutreffender als beim letzten Mal, als ich mit ihm gesprochen hatte. »Salma meinte, dass es ähnliche Fälle wie meinen in Assam gibt, stimmt das?«, fragte ich ihn. »Aus ihr sprudelt alles wirklich nur so heraus«, antwortete er. »Sie erinnert mich oft an dich, meine Liebe. Und ja, es stimmt, was sie sagt.«

Vor ein paar Wochen erst hatte mein Vater erfahren, dass die Tochter eines seiner Freunde bereits vor vielen Jahren verschwunden sei. Doch der Freund hatte weniger Anhaltspunkte, den Aufenthaltsort seiner Tochter zu finden, als mein Vater, weil sie nicht, so wie ich, durch eine Bekannte verschleppt, sondern vermutlich nach der Schule entführt worden war. Vaters Freund hat später bei der Polizei eine Vermisstenanzeige aufgegeben und gehofft, dass sie der Sache nachgeht. Aber man hat ihm gleich gesagt, dass es so viele Fälle von Entführungen und Brauthandel gebe, dass die Polizei in Guwahati eine eigene Abteilung für Verschleppungen einrichten musste und dass die Wahrscheinlichkeit, seine Tochter zu finden, sehr gering sei.

»Und hat er seine Tochter wiedergefunden?«, fragte ich meinen Vater. »Leider nein«, antwortete er. Die Mädchenhändlerringe auffliegen zu lassen, sei sehr schwierig, denn sie seien gut vernetzt, aber schwer ausfindig zu machen. Arme Familien können es sich häufig nicht leisten, jemand anderen um Hilfe zu bitten oder zur Polizeistation zu gelangen. Und falls doch, dann ist meist so viel Zeit vergangen, dass die Nachforschungen nur noch wenig Aussicht auf Erfolg haben oder die Polizei gar nicht erst ermitteln will, weil es angeblich an Personal dafür fehlt.

»Schmiergelder würden helfen«, sagte mein Vater voller Zorn über diese Praktik, die quer durch das ganze Land verbreitet ist und über die er sich genauso aufregen konnte wie Thanusiya. »Doch die betroffenen Familien sind in der Regel zu arm dafür.« Statt die Polizei zu bestechen, kaufen sie sich mit dem Geld lieber etwas zu essen, auch wenn sie dadurch die Suche nach einem Familienmitglied aufgeben müssen.

Andererseits geben einige Eltern ihre Töchter auch freiwillig weg, wenn Händler an sie herantreten und ihnen vorgaukeln, dass ihre Kinder dann eine bessere Zukunft vor sich hätten. Da die Eltern meist nicht wissen, was mit ihren Kindern wirklich passiert, glauben sie den Versprechungen der Händler gern, vor allem, wenn sie auch noch Geld für ihre Tochter bekommen, anstatt welches für deren Hochzeit und Mitgift ausgeben zu müssen. Und falls die Eltern, wenn überhaupt, jemals erfahren, dass sie von den Händlern belogen worden sind, sind diese meist schon nicht mehr auffindbar.

Vor ein paar Wochen hat die Polizei offenbar die ehemalige Zentrale eines großen Brauthändlerrings entdeckt, erzählte mein Vater weiter. Ich hörte gespannt zu. Erkannt hatte man das daran, dass in dem kleinen Raum in der Nähe des Marktes unseres Nachbardorfes Prospekte lagen, in denen Bräute jeglicher Art angeboten wurden. Ob Hindu, Muslimin, Christin – sie würden für jeden eine Braut haben. Die Jüngste war sechs Jahre alt. »Stell dir das doch mal vor!«, sagte mein Vater.

Für mich war es eine seltsame Situation. Einerseits hatte ich das Gefühl, dass mein Vater zum ersten Mal verstand, welches Schicksal ich erlitten hatte. Wenn auch nicht direkt, sondern durch das der anderen Mädchen. Andererseits war ich auch unangenehm davon berührt, als mir klar wurde, dass mein Vater meine Geschichte nur vage kannte, dass er keinen Zusammenhang zwischen den Verschleppungen der anderen Mädchen und mir herstellen konnte. Vielleicht wollte er das auch nicht und verdrängte es bewusst. Letztlich war es vermutlich besser so, weil es ihm das Herz gebrochen hätte.

Mein Vater meinte, dass er nie freiwillig seine Töchter weggeben würde, weil er sie viel zu sehr lieben würde. »Auch dich, Amila, liebe ich«, sagte er. Für mich war das wieder ein seltsamer Moment. Einerseits freute ich mich sehr darüber, dass er mit seiner Liebe mir gegenüber so offen umging. Andererseits betrübte es mich aber auch, dass mein Vater anscheinend wirklich nicht wahrhaben wollte, was mit mir passiert war, obwohl er doch wissen müsste, dass mich Moti verschleppt hatte.

Er erzählte mir noch kurz, dass es ihm gut ginge

und die Arbeit nicht allzu anstrengend sei, dann übergab er das Telefon an Sobriya, meine zweitälteste Schwester und sonst einzige anwesende Frau, wie sie sagte. »Wo sind denn die anderen alle?«, fragte ich sie.

Ajmal hatte vor Kurzem geheiratet und lebte inzwischen nicht mehr im Haus unserer Eltern. Auch Momina, meine älteste Schwester, hatte vor zwei Jahren im Alter von zwanzig geheiratet und lebte nun bei ihrem Mann. »Sie ist früher unter die Haube gekommen als ich«, sagte Sobriya und lachte. Aber sie fand das gar nicht schlimm, was ich gut verstehen konnte. Ich war regelrecht eifersüchtig auf sie. Als mir das bewusst wurde, ärgerte ich mich über mich selbst. Eigentlich bin ich ein liebevoller und großzügiger Mensch, der sich gerne für andere freut. Doch Alwar hatte mich schon mit dieser schlechten Eigenschaft infiziert, neidisch auf andere zu sein.

»Am liebsten würde ich alleine wohnen«, sagte Sobriya dann, »aber das ist unmöglich!« Selbst in den Städten können Frauen das nicht, erzählte sie mir. Eine Arbeitskollegin aus dem Callcenter in Guwahati, wo sie seit ein paar Wochen arbeitet, um unsere Eltern finanziell zu unterstützen, habe ihr berichtet, dass ihr niemand als alleinstehender Frau eine Wohnung vermieten wollte. Irgendwie sei es ihr später dann doch gelungen, eine zu bekommen. Aber als sie einmal männlichen Besuch hatte, beschimpften die Nachbarn sie sofort als Prostituierte. Und auch ihre Freundinnen konnten keine Wohnung finden und wurden von den Vermietern abfällig behandelt, wenn sie unverheiratet mit ihrem Partner zusammenziehen wollten. »Also wäre es vielleicht doch besser, verheiratet zu sein«, sagte sie leicht zynisch. »Darauf kommt es im Leben wohl an.« Ich hörte ihr gebannt zu. Doch dann stand auf einmal Akthar vor mir.

»Ich muss mich jetzt um das Essen kümmern«, sagte ich zu meiner Schwester. Zeit, mich zu verabschieden, hatte ich nicht mehr, denn Akthar riss mir das Telefon aus der Hand und beendete das Gespräch. »Alles okay in Assam?«, wollte er von mir wissen. Etwas verwundert darüber, dass ihn meine Familie interessierte, fragte ich mich, ob er etwas von Sobriyas und meinem Gespräch mitbekommen hatte oder einfach nur misstrauisch war wie immer. Irgendetwas musste ich ihm also antworten. Immerhin hatte ich einige Minuten mit meinen Angehörigen in Assam telefoniert, wir hatten Geld dafür ausgegeben und Akthar wollte nun etwas von dem Gespräch erfahren. Ich erzählte ihm deshalb das, was ich von meinem Vater über den Mädchenhändlerring aus dem Nachbardorf erfahren hatte.

Akthar hörte mir ausnahmsweise aufmerksam zu und sagte dann: »Siehst du, was da in Assam alles vor sich geht; es ist gut, dass du da nicht hinreist, sonst passiert dir noch etwas Ähnliches.« Dass er genauso an mich gekommen ist und keinen Deut besser war als die Mädchenhändler, schien er dabei zu vergessen. Vielleicht kannte er aber auch nicht die ganze Geschichte, denn von dem Witwer durfte er ja auch nichts wissen, weil er mich sonst nicht geheiratet hätte. Gut, dass er vieles nicht kapiert, dachte ich.

Einen Augenblick lang überlegte ich, ob er sich vielleicht sogar wirklich um mich sorgte, weil sich unser Verhältnis glücklicherweise ein wenig verbessert hatte. Doch das war nur ein Wunschdenken von mir. Denn ein paar Minuten später vergewaltigte er mich wieder. Ich war enttäuscht und ernüchtert. So etwas wie Liebe oder Einfühlungsvermögen scheint bei ihm nicht vorhanden zu sein. Zwar war er in letzter Zeit mir gegenüber etwas sanfter geworden und auch manchmal bereit für Zugeständnisse, aber mich zu vergewaltigen, darauf konnte er nach wie vor nicht verzichten. Und ich ließ es wie immer über mich ergehen. Davon und von dem, was mir Moti einst angetan hat, bin ich inzwischen schon ganz verwahrlost. Ich bin richtig fett geworden, aber nicht, weil es mir gut geht und ich zu viel esse, sondern weil die Ernährung hier so schlecht ist. Und natürlich wegen der vielen Schwangerschaften. Ich bin aufgedunsen wie ein totes Tier, das zu lange in der Sonne gelegen hat. Meine Hände sind größer und gröber als die eines jeden Mannes hier in Alwar. Zuschlagen könnte ich damit allemal. Doch das will ich nicht. Es würde nichts bringen. Aber ich wusste, dass sich etwas ändern musste. Nur wie sollte das geschehen? Die Antwort darauf sollte ich von einer Frau bekommen, die Thanusiya zu uns einlud. Ihr Name war Amal. Thanusiya erklärte uns, dass Amal eine bedeutende Frau sei, die sich nicht nur in Indien und Asien für die Rechte der Frauen einsetze, sondern auch an vielen anderen Orten auf der Welt. Ihr Name bedeute so viel wie »Hoffnung«, sagte Thanusiya und zitierte einen Satz, den sie von ihr gelernt hatte: »Nur mit Hoffnung lässt sich die Angst besiegen.«

9
Weiterkämpfen

Streetart in Neu-Delhi:
Aufruf zu mehr Geschlechtergerechtigkeit

Auf das Treffen mit Amal freuten wir uns alle sehr. Doch dafür mussten wir in Thanusiyas Büro in die Stadt Alwar kommen, und das war gar nicht so einfach. Denn die Männer waren wie immer skeptisch, wenn wir in die Stadt fahren wollten, aber Raj konnte sie davon überzeugen, dass wir dort einen Nähkurs besuchen sollten. Akthar blieb dennoch misstrauisch und wollte unbedingt mitkommen. Nachdem ihm Raj das anstandslos zugebilligt hatte, verlor er allerdings das Interesse daran und blieb bei uns im Dorf.

Gemeinsam mit Nimra und zwei anderen *Paros* fuhr ich mit dem Sammeltaxi nach Alwar. Das Taxi war brechend voll, und ich wurde als eine der Kleinsten immer wieder gegen die Scheiben gequetscht, weshalb für mich die Fahrt sehr unangenehm war. Außerdem bin ich ohnehin etwas klaustrophobisch. Ich weiß nicht, ob diese Angst vor geschlossenen Räumen daher rührt, dass ich in meinem Leben schon so oft an Orten war, von denen ich nicht entkommen konnte: bei Moti, dem alten Witwer und Akthar. Oder vielleicht auch einfach daher, dass ich so klein bin. Mir war sehr übel und ich war froh, als wir endlich die Stadt erreicht hatten. Am Markt stiegen wir aus. Dort wartete Thanusiya auf uns. Sie hieß uns willkommen und führte uns zu ihrem Büro im Haus des Anwalts, der sie bei ihrer Arbeit unterstützt. Es lag nur ein paar Straßen entfernt. Durch einen kleinen Hinterhof gelangten wir ins Innere des mehrstöckigen Hauses aus Stein.

Über eine steile, schmale Treppe erreichten wir einen leeren Raum im ersten Stock. Wir setzten uns alle gemeinsam auf den Boden und warteten auf Amal. Ein kleiner Junge reichte uns Wasser und *Chai*. Nach wenigen Minuten kamen Raj und Amal.

Die kleine Frau zog sich ihre Schlappen aus, genau wie wir zuvor, und kam barfuß zu uns auf den Teppich. Sie hatte ihr Gesicht nicht bedeckt, weshalb wir ihr kurzes graues, stoppeliges Haar sehen konnten. Ganz anders als wir, die wir unsere langen und meist geflochtenen Haare unter der *Ghunghat* verstecken mussten. Amal begrüßte jede Einzelne von uns mit einem warmen Lächeln. Ihr Gesicht war voll Falten, und sie hatte schöne braune Augen.

Amal fing ihren Vortrag mit einer Erklärung an: Sie sei von Thanusiya eingeladen worden, um mit uns über die Situation der Frauen in Indien im Allgemeinen und unsere Lage im Besonderen zu sprechen. »Indien lässt sich aber nicht verallgemeinern«, sagte sie. Grund dafür sei die Vielfalt der 1,3 Milliarden Menschen, die dort leben. Darunter befänden sich einige der reichsten, aber auch viele der ärmsten Menschen der Welt. Es gibt einerseits gut ausgebildete Inder und Inderinnen, aber andererseits können zwanzig Prozent der Männer und fünfunddreißig Prozent der

Frauen weder lesen noch schreiben. Einige haben keine richtige Gesundheitsversorgung, andere zu wenig zu essen. Und manche haben gar keine Rechte.

Über die Frauen ließe sich nur eine verbindliche Aussage treffen: »Gleichberechtigung herrscht in Indien nur auf dem Papier.« Denn obwohl die indische Verfassung festlegt, dass Männer und Frauen gleichrangig sind, werden Frauen nach wie vor in unterschiedlichster Form diskriminiert. Dazu gehöre auch Gewalt gegen Frauen, obwohl sie inzwischen unter Strafe stehe. Dennoch werde in Indien alle zwei Minuten eine Straftat an einer Frau begangen. Die Zahl der Vergewaltigungen steige weiter an, wie uns auch Thanusiya berichtet hatte. Das liege aber nicht unbedingt daran, dass es nun mehr Gewalttätigkeiten gegen Frauen gebe, meinte Amal, sondern daran, dass sich mehr Frauen trauen würden, Anzeige zu erstatten.

Ein gutes Beispiel dafür sei der Missbrauchsvorfall, der sich vor einem Jahr in einem *Uber*-Taxi in Neu-Delhi ereignet hatte. Eine junge Frau war dort von einem Fahrer in dessen Wagen vergewaltigt worden und hatte anschließend den Mann angezeigt. Da sie mit ihrem Mobiltelefon das Kennzeichen des Autos fotografiert hatte, konnte der Fahrer schnell ermittelt werden. Der Aufschrei gegen den Taxidienst *Uber*, der damit geworben hatte, dass seine Taxis besonders sicher seien, war groß. Vor allem auch deshalb, weil sich bereits kurz zuvor eine andere Frau über den Fahrer beschwert hatte und *Uber* dieser Beschuldigung nicht nachgegangen war. Die indische Regierung entzog dem Online-Taxianbieter *Uber* daraufhin die Lizenzen, was einem Verbot gleichkam.

Um die Sicherheit der Frauen zu gewährleisten, wurde innerhalb der Regierung darüber nachgedacht, Drohnen zur Überwachung der Straßen einzusetzen. Nachdem Amal uns erklärt hatte, was Drohnen sind, kommentierte sie die Diskussion darüber mit: »Dann müsste auch jedes einzelne Haus von innen überwacht werden, denn da liegen die meisten Probleme.« Die Denkweise der Männer habe sich immer noch nicht verändert, und die patriarchalischen Strukturen, die tief in der Gesellschaft verankert und mit den verschiedenen Glaubensrichtungen verwoben seien, bestünden nach wie vor.

Über achtzig Prozent der Menschen auf dem indischen Subkontinent gehören dem Hinduismus an. Die zweitgrößte Glaubensgemeinschaft bildet der Islam mit etwas mehr als dreizehn Prozent der Bevölkerung, was etwa 175 Millionen Muslimen entspricht, womit sie nach Indonesien und Pakistan den drittgrößten Anteil der muslimischen Weltbevölkerung bilden. 2,3 Prozent der Inder gehören dem Christentum an, 1,9 Prozent dem Sikhismus und 0,8 Prozent dem Buddhismus. Die wenigsten Anhänger hat der Jainismus mit 0,4 Prozent der Bevölkerung.

»Doch es gibt keine Religion, in der den Frauen die gleichen Rechte eingeräumt werden wie den Männern«, sagte Amal kritisch. Der Islam ist äußerst patriarchalisch und auch das Christentum basiert auf einer von Männern dominierten Rangordnung. Der Hinduismus toleriert nicht nur andere Glaubensrichtungen, sondern hat im Vergleich zu den abrahamitischen Religionen mehrere Götter, darunter auch einige weibliche Gottheiten. Das heißt aber nicht, dass die Frau im Hinduismus besser gestellt ist als in den anderen Glaubensrichtungen Indiens.

In den letzten Jahrzehnten hat sich das Verhältnis der Gläubigen zu ihren Religionen allerdings stark verändert. Entweder fallen sie von ihrem Glauben ab oder werden fanatisch, was oft dazu führt, dass sie sich in Gruppen zusammenschließen und sich radikalisieren. Als Beispiel dafür nannte Amal uns die Kämpfer des *Islamischen Staats (IS)*. Von ihnen hatte Akthar mir schon einmal erzählt, weil sie so oft im Fernsehen zu sehen waren. »Sie kämpfen für den Islam, hat Akthar mir erklärt«, sagte ich. Doch Amal widersprach mir: »Nein, bitte sag so etwas nicht. *IS* ist eine Terrororganisation, die unschuldige Menschen umbringt.«

Die meisten Menschen seien eben einfach hungrig nach Macht, meinte Amal, sie wollen andere beherrschen und ihnen befehlen. »Aber statt Liebe zur Macht, brauchen wir die Macht der Liebe«, sagte sie und fing auf einmal an, diese Worte zu singen. Dabei schüttelte sie immer wieder ihren Oberkörper im Takt, gestikulierte mit ihren kleinen Händen und strahlte über das ganze Gesicht. Thanusiya aber erstarrte, denn Singen war uns Frauen im Islam nicht gestattet. Es war doch *haram*. Nur Nimra konnte sich einfach nicht zurückhalten. Sie wippte und sang erst vorsichtig, dann auch leidenschaftlich mit. Sie hatte eine wundervolle Singstimme, die ich zuvor noch nie gehört hatte. Amal freute sich darüber, dass Nimra in ihr Lied mit einstimmte, und sang euphorisch weiter, bis es Thanusiya schließlich zu viel wurde und sie auf einmal rief: »Stopp! Wir dürfen nicht singen!«

Amal und Nimra hörten sofort damit auf. Da Amal aber zu wissen schien, dass die einzig erlaubte Form des Gesangs für Muslime die Rezitation des Korans ist, forderte sie uns nun dazu auf, Koranverse zu singen. Ein wenig überrascht darüber war ich dann doch, da sie sich eben zuvor noch so kritisch gegenüber den Religionen geäußert hatte. Aber Amal erklärte uns, Singen sei für sie die beste Möglichkeit, den eigenen Gefühlen Raum zu geben. »Nur wer sich freuen kann, kann auch etwas verändern«, sagte sie. Sie wollte erreichen, dass wir uns öffnen, was mir nach wie vor nicht so leicht fiel. Auch wenn ich inzwischen zu den Frauen in meiner Gruppe großes Vertrauen habe, hatte ich dennoch große Hemmungen, meine Gefühle zu zeigen.

Nimra machte den Anfang. Ihre Stimme war sanft und klar. Als sie aufhörte, lächelte sie stolz und stupste mich an als Zeichen dafür, dass ich auch singen soll. Aber das konnte ich längst nicht so gut wie sie. Deshalb trug ich die Koranverse mehr sprechend als singend vor. Nach Nimra und mir trauten sich dann auch die anderen Frauen. Als alle aus der Gruppe gesungen hatten, erzählte uns Amal, dass in vielen Orten des Landes die Frauen singen, um damit gegen ihre Unterdrückung zu protestieren und sich für ihre Rechte einzusetzen.

In Indien gebe es nicht sehr viele Stellen, fuhr Amal fort, die misshandelten Frauen helfen würden. Außerdem fehle dabei oft die Sensibilität. Denn wenn sie als Zentren für »Opfer« von Gewalt gekennzeichnet sind, würden die Frauen, die dort Hilfe suchen, beim Betreten und Verlassen dieser Stellen für jeden sichtbar noch weiter gebrandmarkt. Und wir sollten immer daran denken, dass es nicht die Schuld der Frauen ist, wenn sie misshandelt werden. Diese Denkweise der indischen Männer, die auch viele Frauen übernommen haben, muss maßgeblich verändert werden, forderte Amal. Auch durch die Politik, wie sie sagte.

Vor allem die derzeit regierende Partei, die *Bharatiya Janata Party (BJP)*, könnte da noch einiges verbessern. Aufmerksam geworden auf diese Partei war ich, weil die grün-orange-safran-farbenen Flaggen mit einer Lotusblume, das Parteisymbol der *BJP*, überall auf den Straßen hingen. Die »indische Volkspartei« hatte die Kongresspartei nach zehn Jahren abgelöst und als hindu-nationalistische Partei bewege sie sich in Bezug auf ihre Moralvorstellungen eher rückwärts, so Amal.

Da der UN-Sicherheitsrat in der Resolution 1325 am 31. Oktober 2000 einstimmig beschlossen hatte, die Rechte von Frauen zu schützen, müsse sich seitdem auch die indische Politik mit den Frauenrechten befassen. Doch Ministerpräsident Narendra Modi habe sich bislang eher zurückhaltend über die Frauenthematik geäußert. Die Arbeit an sich habe er an die Nationale Frauenkommission abgegeben, die zwei Hauptmaßnahmen vorsieht, um die Gewalt gegen Frauen in Indien zu bekämpfen: einmal ein Programm, das dafür sorgen soll, dass es mehr Toiletten in Indien gibt und die Frauen sich nicht mehr im Freien erleichtern müssen. Zum anderen soll es bald eine Anwendung für Mobiltelefone geben, mit der Frauen Hilfe anfordern können.

Für mich bringen diese Maßnahmen überhaupt nichts. Denn für eine Toilette habe ich schon selbst gesorgt, und ein eigenes Mobiltelefon darf ich sowieso nicht besitzen. Denn bei dem Telefon, das mir Akthar immer mitgibt, wenn ich unterwegs bin, sind die Tasten gesperrt und ich kann damit nur angerufen werden. Und selbst wenn ich ein Mobiltelefon hätte, wüsste ich nicht, wen ich anrufen und um Hilfe bitten sollte. Denn so schnell, wie Akthar über mich herfällt, könnte ich es gar nicht zur Hand nehmen, geschweige denn, damit telefonieren. Gegen den Sex mit ihm kann ich mich sowieso nicht wehren. Es gibt kein Gesetz, das Vergewaltigung in der Ehe bestraft. Auch in China, Afghanistan, Pakistan und Saudi-Arabien nicht, wie uns Thanusiya einmal erklärt hatte.

Viele andere Länder haben aber derartige Gesetze mittlerweile erlassen: die USA in den 1970er-Jahren, die meisten europäischen Länder in den 1990er-Jahren, die Türkei 2005 und Bolivien 2013. Doch in Indien ist innereheliche Vergewaltigung nach wie vor keine Straftat. »Es wird davon ausgegangen, dass das Konzept von Vergewaltigung in der Ehe, wie es inter-

national verstanden wird, im indischen Kontext wegen verschiedener Faktoren inklusive Bildungsniveau,
Analphabetismus, Armut, Myriaden sozialer Bräuche
und Werte, religiöser Überzeugungen, der in der Gesellschaft herrschenden Auffassung, die Ehe als Sakra-
ment zu behandeln, nicht angewandt werden kann«,
so die offizielle und für mich kaum verständliche Begründung der Regierung. Raj hat uns dieses Zitat
mal wieder von seinem Tablet vorgelesen, woraufhin
Amal feststellt, zu Hause sei also viel erlaubt, in der
Öffentlichkeit aber nicht. Würden sich zum Beispiel
auf offener Straße zwei Menschen küssen, könnte das
zu ihrer Festnahme führen. Besonders rigoros werde
gegen gleichgeschlechtliche Liebe und deren öffentliche Bekundungen vorgegangen.

In den vergangenen Jahren hätten jedoch immer
mehr Menschen damit begonnen, sich gegen diese
Moralvorstellungen zu wehren, und Proteste organisiert. Inzwischen nicht mehr nur an den klassischen
Demonstrationsschauplätzen, wie dem wichtigsten
Protestort des Landes, dem *Jantar Mantar* in Neu-
Delhi, sondern vor allem auch im Internet. Amal erzählt uns von einer Kampagne, die vergangenes Jahr
im Süden des Landes, in ihrer Geburtsprovinz Kerala, startete. Studenten und Studentinnen hatten dabei auf verschiedenen Plattformen im Netz dazu auf-
gerufen, sich in der Öffentlichkeit zu küssen und sich
damit gegen die paradoxen Moralvorstellungen, die
in Indien herrschen, zu wehren. Dafür bekamen die
Organisatoren und Organisatorinnen online Mord-

und Vergewaltigungsdrohungen. Einige wurden bei den Protesten, die in Kochi, Kalkutta, Hyderabad, Mumbai und Neu-Delhi stattfanden, sogar verhaftet. Außerdem wurde ihnen vorgeworfen, dass sie nur deshalb zum Demonstrieren auf die Straße gehen können, weil sie keine wirklichen Probleme hätten. In der Tat sind ihre Sorgen andere als die von uns hier in Alwar, überlegte ich mir, aber auch sie leiden unter dem Patriarchat.

Ich musste an meine Schwester Sobriya und ihre Freundinnen denken. Sie würden so gerne eine eigene Wohnung finden, wissen aber, dass dies kaum möglich sein dürfte, so lange sie nicht verheiratet sind. Deshalb machen sie sich Gedanken darüber, wie sie einen Ehemann bekommen könnten. Sobriya hatte mir neulich am Telefon erzählt, dass sie viel Geld für eine Creme ausgeben würde, die ihr einen viel helleren Teint verleiht. Denn, so sagte sie mir, je heller ihre Haut, desto größer seien ihre Chancen, dass sie heiraten könne. Als ich das in der Runde erzählte, schauten mich alle verwundert an. Außer Amal, die leicht mit dem Kopf hin und her wackelte und uns fragte: »Wir alle haben doch so wunderschöne, von der Sonne gefärbte Haut, warum wohl müssen wir sie weiß machen?« Sie lieferte die Antwort selbst: »Weil Männer sich meist nur für unseren Körper und nicht für unsere Seele interessieren.« Wir schüttelten alle zustimmend die Köpfe.

»Lasst uns doch mal über eure Männer reden. Wie würdet ihr sie beschreiben?«, fragte Amal uns dann.

Wir schauten uns schweigend an, keine von uns wollte als Erste antworten. Aber dann waren es wieder Nimra und ich, die sich trauten: »Verwirrt«, sagte ich. »Aggressiv«, meinte Nimra. »Ja, so etwas habe ich erwartet«, sagte Amal. »Und das trifft auch zu. Viele von ihnen sind aggressiv und verwirrt.« Was ihrer Meinung nach aber kein Wunder sei, da sie in einem Land aufwachsen, in dem es ihnen zwar nicht gestattet ist, Frauen in der Öffentlichkeit zu küssen oder ihnen auf andere Weise ihre Zuneigung zu zeigen, sie aber andererseits durch die Medien mit Sexualität überflutet werden.

»Ich möchte die Männer nicht in Schutz nehmen«, sagte sie. Gewalt sei niemals gerechtfertigt. Doch Amal wollte auch, dass wir verstehen, dass Männer in Indien nicht grundsätzlich bösartig geboren werden. Sie sind auch nicht lüsterner als in anderen Ländern, sondern folgen der Grundregel eines ungerechten Systems, wo die Stärkeren die Schwächeren mit Gewalt kontrollieren. »Frauen sind quasi die letzte Kolonie«, sagte Amal. Und was die Frauen in Indien und anderen Ländern, sind die Afroamerikaner in den USA und die Flüchtlinge in Europa.«

Um uns zu veranschaulichen, was sie damit meinte, erzählte sie uns eine kurze Anekdote aus der indischen Kolonialzeit. Damals fragten die Briten Gandhi, ob er für Indien nicht gerne den gleichen Lebensstandard hätte, wie es ihn in Großbritannien gibt. Er lächelte und sagte: »Großbritannien musste die halbe Welt für diesen Lebensstandard ausbeuten. Wie viele

Welten müsste Indien dann ausbeuten, um so einen Lebensstandard zu erreichen?«

Das zeige, dass die Welt nicht nur vom Patriarchat geprägt ist, sondern viel mehr noch vom Kapitalismus, sagte Amal. Vollkommen verwirrt schauten wir sie an. »Was ist das?«, fragte ich, weil wir alle nichts mit dem Begriff anfangen konnten. »Vereinfacht formuliert bedeutet es: Geld regiert die Welt«, antwortete sie.

Das ergab für mich und vermutlich auch für die anderen schon viel mehr Sinn. Denn wie wichtig Geld für viele Menschen ist, habe ich sowohl bei den bettelnden Kindern in Alwar erlebt, als auch bei Akthar, der von unersättlicher Geldgier besessen ist, und das nicht nur, weil eine hohe Kreditschuld auf uns lastet. Auch mit ihren weiteren Ausführungen sprach Amal mir aus dem Herzen: »Es kann nicht sein, dass es ein Liebesleben ohne Liebe gibt, aber genau das passiert, sobald daraus ein Geschäft gemacht wird. Und dazu gehört der Brauthandel, aber auch Pornografie. Denn finanziell motivierte Machtinteressen dürfen nicht wichtiger sein als Liebe und Menschenrechte.«

Amal forderte deshalb eine soziokulturelle Revolution, wie sie es nannte, die unsere Denkweise verändert und Bewusstsein für verantwortungsvolles Handeln schafft. Erst wenn jede und jeder von uns seine Verhaltensweisen hinterfragt und sich überlegt, was fair ist, kommen wir weiter. Dafür lohne es sich zu kämpfen.

Das Internet sei eine gute Plattform, sich gemeinsam zu formieren und eine Veränderung zu bewirken. Außerdem würden Dinge dort nicht tabuisiert, und es sei eine gute Möglichkeit, sich zu informieren. Doch für mich war das alles unendlich fern, unerreichbar. War ich doch froh, wenn wir Elektrizität hatten und der Fernseher funktionierte. An ein Mobiltelefon, ein Tablet, einen Computer oder gar das Internet, was ich noch nie gesehen habe und vermutlich auch nie werde, wagte ich überhaupt nicht zu denken. Außerdem, wie sollte ich dies als Analphabetin alles nutzen? Aber vielleicht wäre das eine Möglichkeit für meine Kinder, die ja in der Schule Lesen und Schreiben lernen und damit in der Zukunft hoffentlich bessere Chancen haben werden, als ich sie je gehabt habe. Vor allem meine beiden Töchter Sheela und Zarina sollten ein besseres Leben haben als ich. Ich würde alles dafür geben.

»Ihr könnt für euch und für andere kämpfen«, meinte Amal. Mir schien es, als hätte sie gerade meine Gedanken gelesen, und ich fühlte mich ihr so nah. »Aber vergesst nie, um kämpfen zu können, muss es euch selbst auch gut gehen«, sagte sie. »Und damit es euch gut geht, solltet ihr versuchen, etwas weniger abhängig von euren Männern zu werden.« Das war leichter gesagt, als getan, denn die Männer durften ja nicht misstrauisch werden. Wie sollten wir es also anstellen, dass wir unabhängig von ihnen würden?

Wir alle überlegten gemeinsam. Raj erwähnte auf einmal die Nähmaschinen, die sich bei Nimra im Haus befänden, und meinte, nähen wäre doch eine gute Möglichkeit, um einerseits einen Raum für uns *Paros* zu schaffen, wo wir uns treffen und miteinander sprechen könnten, und um andererseits mit einer kreativen Arbeit Geld zu verdienen. Thanusiya fand die Idee gut, und Amal wollte sich gleich ein Bild von der Situation machen. Also fuhren wir los zu Nimras Haus. Diesmal nicht mit dem Sammeltaxi, sondern mit dem Auto, mit dem Raj gekommen war. Ich freute mich sehr darüber, weil ich in dem Wagen mehr Platz hatte.

Auf der Fahrt kamen uns wie immer auf dieser Strecke riesige Trucks entgegen, die mit großen Steinquadern beladen waren. Ich musste an meinen Vater denken, weil er in Assam in einem Steinbruch arbeitete. Ich war erschöpft und wurde sentimental. Zum Glück dauerte die Fahrt nicht lang und wir kamen bald zu Nimras Haus. Ihre Kinder warteten schon auf sie, denen sie auftrug, Wasser, *Chai* und Snacks zu holen. Eines der Mädchen lief zur Pumpe, eine andere brachte *Chai* und wieder eine andere holte Kekse und *Khatta Meetha,* eine Knabbermischung aus gerösteten Nüssen, getrockneten Weinbeeren und salzigem Kichererbsenmehl, die mehr süß als scharf schmeckt.

Sobald Amal an ihrem *Chai* genippt hatte, führten sie Thanusiya und Nimra schon ins Haus. Wir anderen folgten. Außer Raj, der hielt draußen die Stellung, falls einer unserer Ehemänner kommen würde. Nimra führte uns zu einer großen Metalltruhe, ähnlich unserer, nur etwas größer. Sie holte naturbelassene grüne, gelbe und violette Korbstränge heraus, zeigte uns einen daraus geflochtenen Behälter und sagte: »Ich mache diese Körbe selbst und benutze sie für *Roti*.« Dann zog sie aus der Truhe etwas Garn und ein paar Stofffetzen hervor. »Davon habe ich momentan nur sehr wenig, weil ich sie aus alter Kleidung herstelle, die ich aber nur selten bekomme«, erklärte Nimra. »Außerdem habe ich nicht immer Zeit, sie ausfindig zu machen.« Mit den Stoffen auf den Armen gingen wir wieder ins Freie. Dort hatten Nimras Töchter schon die Nähmaschinen aufgestellt. Vier Stück waren es. Die schwarzen Maschinen waren jeweils auf einem Holztisch befestigt, darunter befand sich das Metallgestell mit Pedal. Wir *Paros* hatten uns gerade an eine der Nähmaschinen gesetzt, als auch schon Akthar und die anderen Männer kamen. Ich war froh, dass es den Anschein hatte, als würden wir arbeiten. Raj erklärte den Männern, dass wir mit unseren Näharbeiten viel Geld verdienen würden. Das gefiel ihnen sehr und sie ließen uns weitermachen.

Die Maschinen funktionierten allerdings nach wie vor nicht. Zum Glück wusste Nimra als Einzige von uns, wie sie wieder instand zu setzen waren. Amal lobte sie dafür, doch Nimra entgegnete nur: »Mehr als sie in Gang zu bringen kann ich aber auch nicht.« Amal besprach sich mit Thanusiya, wie sie uns dabei unterstützen könnte, ein Nähzentrum zu etablieren.

Dann machten wir uns alle gemeinsam auf den Weg zu Akthars und meinem Haus. Auch wenn es mir nicht gehörte, war ich so stolz darauf, dass ich es Amal unbedingt zeigen wollte. Doch bevor wir losmarschierten, hatte sich eine riesige Menschentraube um uns herum angesammelt, denn alle Nachbarn wollten wissen, wer die fremde Frau war.

»Ich interessiere mich für die Arbeit von Raj und Thanusiya«, erklärte ihnen Amal. Als wir dann zu unserem Haus gingen, folgten uns die Nachbarn. Vor meinem Gemüsegarten machten wir halt. Obwohl das Beet nach wie vor klein war, gefiel es Amal sehr gut. Sie hatte eben auch dafür einen Sinn. Wie ich diese Frau mochte.

Wahrscheinlich wusste sie aber auch, dass die Symbole für Wohlstand in den verschiedenen Teilen Indiens variieren. In Alwar ist das Wasser knapp und der Wasserbüffel daher ein Zeichen für Reichtum. Weil wir uns einen solchen aber nicht leisten konnten, wollte ich mich wenigstens über das Statussymbol, das ich aus Assam kannte, definieren. Denn dort ist der Status der Familie abhängig davon, wie viele Gemüsesorten sie in ihrem Garten anbauen kann. Wer weniger als drei bis vier davon hat, ist sehr arm. In Assam hatten wir es geschafft, vier Sorten anzupflanzen. Doch in Alwar war das nicht so leicht: neben Tomaten und Zwiebeln wuchs in meinem Gemüsegarten bislang nichts.

Inzwischen hatten sich noch mehr Menschen vor unserem Haus versammelt. Es wirkte so, als ob fast unser ganzes Dorf herbeigeströmt sei. Zwar leben dort nur fünfzehn Familien, aber jede hat meist mehr als zehn Mitglieder. Plötzlich brachte jemand eine weiße Taube. Er gab sie Amal in die Hand und die sollte sie wieder loslassen, was für noch mehr Tumult sorgte.

Während Akthar sich mit den Nachbarn unterhielt, ging ich mit Amal ins Haus und führte sie zu meiner Metalltruhe. Ich holte das Fotoalbum heraus, um ihr die Bilder von meinen Kindern und mir zu zeigen. Amal schaute sie sich interessiert an. Eins davon war aufgenommen worden, als ich gerade nach Alwar gekommen war. Das ist nun fünfzehn Jahre her. Was habe ich in dieser Zeit alles erlebt, wie viel ist doch passiert, überlegte ich mir.

Dann wurde ich allerdings aus meinen Gedanken gerissen, denn Akthar stürmte herein, und Amal merkte, dass es Zeit für sie war, uns zu verlassen. Zum Abschied strich sie mir sanft über meine *Ghunghat,* genau wie es Kamla früher immer gemacht hatte. Und mit Amal verschwanden auch die anderen Nachbarn wieder. Nur die Kinder spielten weiter vor unserem Haus. Genau der richtige Zeitpunkt für Akthar, es mir wieder anzutun. Ich war gerade in die Küche gegangen, um das Abendessen zuzubereiten, da drückte er mich gegen die Betonwand und drang von hinten in mich ein.

Als Akthar ejakuliert hatte, zog er sich die Hose hoch und ging wie immer raus zum Rauchen. Ich blieb in der Küche und widmete mich wieder den Vorbereitungen für das Abendessen. Während ich den *Roti*-Teig knetete, schweiften meine Gedanken ab. Ich ließ den Tag mit Amal noch einmal Revue passieren, erinnerte mich an den letzten Moment mit ihr, an das

Fotoalbum und dadurch auch an die Zeit in Alwar und die vielen grausamen Begegnungen, wie die mit Moti, dem Witwer und Akthar. Ich kam zu dem Resultat, dass sie mir meine Freiheit hatten nehmen können, aber nicht den Mut.

Dann dachte ich an die vielen wunderbaren Menschen in meinem Leben: meine Kinder, meine Familie und Freunde in Assam und an die, denen ich in der letzten Zeit begegnet bin: an Nimra und meine Freundinnen unter den *Paros,* an Thanusiya, Raj und an Amal. Denn sie haben mir beigebracht, dass Frauen wie ich eine Stimme haben und auch das Recht zu kämpfen. Wir müssen nur aufpassen, wie wir das tun.

Das ist auch der Grund, weshalb ich meine Geschichte niemals unter meinem richtigen Namen erzählen könnte. Denn sobald jemand herausfände, dass ich es bin, um die es hier geht, würde ich das wahrscheinlich nicht überleben. Und das, obwohl ich inzwischen gelernt habe, dass ich kein Opfer, sondern eine Überlebende bin. Aber irgendwie klingt auch diese Bezeichnung seltsam für mich. Viel besser gefällt mir: Ich bin eine Frau, die nicht aufgibt.

EPILOG

Laut Information der Vereinten Nationen ist Indien für Frauen nach Afghanistan das zweitgefährlichste Land der Welt. Das ist zugleich ein Hinweis darauf, dass es weltweit noch viele andere Orte gibt, wo Frauen unter Gewalt leiden und wo patriarchalische Strukturen genauso tief oder sogar tiefer in der Gesellschaft verankert sind als in Indien. Und es ist wichtig etwas dagegen zu unternehmen.

Während meiner langjährigen Beschäftigung mit der Thematik wurde die Bedeutung der Bildung für mich immer offensichtlicher. Dazu gehört ganz zentral die sexuelle Aufklärung. Nur so können Männer, die letztlich auch unter dem Patriachat leiden, sensibilisiert und Frauen gestärkt werden. Doch der Weg ist lang. Denn festgefahrene und weitgehend gesellschaftlich akzeptierte Denkweisen lassen sich nicht über Nacht ändern. Vor allem nicht in Indien. Die 2013 eingeführten Gesetze scheinen nicht die Lösung zu sein, weil sie bislang quasi nicht angewendet werden. Und da auch vonseiten der Regierung nicht viel passiert, protestieren vor allem Studenten gegen die in der Gesellschaft tief verwurzelten Moralvorstellungen. Zudem engagieren sich Initiativen und

Nicht-Regierungs- und Nicht-Profit-Organisationen für Gleichberechtigung und Frauenrechte in Indien.

Wenn Sie auch etwas tun wollen, empfehle ich Ihnen folgende **zehn Initiativen** in Indien:

http://www.actionaid.org/india
https://www.change.org/en-IN
http://www.empowerpeople.org.in
http://jagori.org
http://jagritisocietyindia.org
http://www.mavaindia.org
http://www.maitriindia.org
http://www.prayaasindia.org
https://www.facebook.com/SDdotorg/
https://support.savethechildren.in

DANKSAGUNG

Bei der Entstehung dieses Buches haben mir sehr viele Menschen geholfen. Überwiegend in Indien und in Deutschland, aber auch an anderen Orten der Welt. Sie haben mich informiert, beraten und motiviert. Besonders schön war es zu sehen, wie fest alle diese Helfer an das Buchprojekt glaubten, denn wir verfolgen ein gemeinsames Ziel: etwas gegen die Gewalt gegen Frauen in Indien zu tun. An dieser Stelle danke ich aufrichtig allen, die mich bei diesem Buch unterstützt haben: Tausend Dank!

Besonders bedanken möchte ich mich bei:

Amila, die den Mut hatte, mir ihre Geschichte anzuvertrauen und ihre Welt zu zeigen. Ebenso bei allen anderen Frauen, die ich zu ihrem Schutz leider auch nicht namentlich erwähnen kann.

Der Übersetzerin Arya Thomas, die viel mehr leistete als nur zu dolmetschen; ihre Sensibilität und ihr Engagement für die Thematik haben mich zutiefst beeindruckt.

Der Schriftstellerin Madhulika Liddle, die bei den Vorrecherchen übersetzte und mir viele nützliche Tipps für das Leben und Schreiben in Indien gab.

Dem Lektor Johann Lankes, der das Manuskript aufmerksam gelesen und bereichernd redigiert hat.

Meinem Freund und Fotografen dieses Buches David Weyand, der nicht nur die schwierige Aufgabe hatte, die Männer abzulenken, damit ich mit Amila sprechen konnte, sondern auch immer wiederkehrende Genderkonflikte auszuhalten. Und am allerwichtigsten: Er war immer für mich da.

Meiner Therapeutin Miriam Summa, die mir geholfen hat, mit den Erzählungen der Frauen in Indien umgehen zu können.

Dem kompletten Team von *Companhia das culturas*, wo ich im Frühjahr 2015 residieren durfte, um in Ruhe an meinem Buch zu schreiben.

Darüber hinaus möchte ich nun weitere Personen explizit nennen, die sich gegen Gewalt gegen Frauen in Indien einsetzen und von denen ich viel lernen durfte. Viele von ihnen haben mir wertvolle Kontakte vermittelt und mir kulturelle Besonderheiten in Indien erklärt. Zudem möchte ich diejenigen erwähnen, die mich bei organisatorischen Dingen, Sicherheitsbelangen und Rückfragen unterstützt haben. Deswegen ein ganz herzliches Dankeschön an:

Kamla Bhasin: Gründerin von *Sangat Südasien (Feministen- Netzwerk)*, Nirja Bhatnagar: Leiterin von *Actionaid Mumbai(NRO für Menschenrechte)*, Suneeta Dhar: Leiterin von *Jagori* (NRO für Frauenrechte), Bishaka Datta: Gründerin von *Point of View* (NRO für Frauenrechte), Maheswari Deep: Gründerin von *Jagriti Society* (NRO für Kinderrechte), Govindraj Ehiraj: Leiter von *Indiaspend (NPO für Datenjournalismus)*, Veena Gowda vom *Lawyers Collective (NRO für Frauenrechte)*, Preethi Heermann: Leiterin von Change.org Indien (Kampagnenplattform), Malte Hölzel: Kulturwissenschaftler, Taranjit Kaur: Schauspielerin & Journalistin, Lalitha Kumarumangulam: Vorsitzende der *National Commission for Women (Regierungsausschuss für Frauenrechte)*, Manak Matiyiani: Gender-Aktivist, Suman Nalwa von der Polizei in Neu-Delhi (Spezialeinheit für Frauen und Kinder), Vibuthi Patel von der Universität in Mumbai, Anubhuti Patra: selbstständig, arbeitet für Kinderrechts-NROs, Harish Sadani von *MAVA (Men against Violence and Abuse, NRO)*, Raniah Salloum: Journalistin, Aditi Sengupta: Journalistin, Hindol Sengupta & Shweta Punj: Journalisten & Gründer von *Whypoll* (Plattform für Frauen in Indien), Winnie Singh: Vorsitzende von *Matiri (NRO für Menschenrechte)*, Deepshikha Sing & Shabana Roze von *Prayas (NRO für Kinderrechte)*, Nandini Rao: Frauenrechts-Aktivistin, Rebecca Tavares: Leiterin der *UN*-Frauenorganisation in Indien, Pankhuri Zaheer & Praktik Ali: Studenten & Initiatoren der Kampagne *Kiss of Love*.

Ein langer Weg in die Freiheit

Nordkorea. Das Leben von Hyeonseo Lee und das ihrer Familie gehören dem Staat. Es gelten eiserne Regeln, und wer sie nicht befolgt, muss mit dem Schlimmsten rechnen. Um wenigstens einmal die Freiheit zu spüren, schleicht sich Hyeonseo als Teenager über die Grenze nach China – aber dann ist ihr der Heimweg versperrt. Sie schlägt sich in China als Illegale durch, bevor sie schließlich nach Südkorea gelangt. Endlich in Sicherheit! Doch als sie einen Notruf ihrer Familie erhält, beschließt sie, ihre Mutter und ihren Bruder aus Nordkorea herauszuholen …